# 旅と酒とコリアシネマ

鄭銀淑
チョン・ウンスク

# はじめに

『パラサイト　半地下の家族』がアカデミー賞を受賞したり、韓国系アメリカ人が監督した『ミナリ』に出演したユン・ヨジョンがアカデミー助演女優賞を受賞したりするなど、韓国の映画や俳優が世界で脚光を浴びている。しかし、我が国の映画が海の向こうで話題になるまでには長い年月を要している。

隣国、日本の例を振り返ってみよう。

韓国映画が日本で認識されたのは、ソウル五輪が開催された１９８８年前後、民放の深夜枠で『赤道の花』や『ディープ・ブルー・ナイト』などが放送されたのが最初だろう。このとき初めてアン・ソンギやチャン・ミヒという韓国俳優を認識したという人も多い。

同時にレンタルビデオ店に「ＮＩＥＳ（新興工業経済地域）映画」といった分類で韓国映画が流通し始めた。当時はまだ韓国＝妓生《キーセン》観光のイメージが強かったせいか、コリアンエロスなどと呼ばれる官能映画が多かったが、ペ・チャンホ監督の『鯨とり　コレサニャン』をレンタルして観たという日本の知人もいた。

1990年代に入ると、NHKの『アジア映画劇場』で、『旅人は休まない』や『チルスとマンス』『神様こんにちは』などが放送された。評論家の佐藤忠雄が映画の背景などをわかりやすく解説していて、この番組を観て韓国映画にハマったという人も少なくない。

1994年にはイム・グォンテク監督の『風の丘を越えて　西便制』が東京と大阪で公開され、韓国映画としては異例のロングラン。キネマ旬報の外国映画ベストテンに韓国映画として初めてランクイン（10位）した。1990年代後半には、イ・チャンドン監督の『グリーンフィッシュ』やホ・ジノ監督の『八月のクリスマス』がネットで話題となった。当時のパソコン通信の韓国映画部屋では意見交換が盛んに行われていたと記憶している。

そして2000年、カン・ジェギュ監督の『シュリ』がヒットし、韓国映画がメジャーな映画館で上映されるきっかけとなった。以後、2001年の『JSA』、2002年の『友へ　チング』、2003年の『猟奇的な彼女』、2004年の『オールド・ボーイ』『殺人の追憶』、2005年の『私の頭の中の消しゴム』『四月の雪』などのヒットが続く。

などと、映画ライター気取りで書いてきたが、私は映画についてはまったくの門外漢である。主題を探ったり、撮影技法を分析したりすることにはまったく興味がない。しかし、映画を風景として楽しむという点においては、大変なこだわりをもっている。私にとって映画とは架空の物語ではなく、目の前で起きている現象である。だからこそ、劇場にいる90分間を、旅するように、酒場で過ごすように楽しむことができるのだ。

この本は、優れた韓国映画を紹介するものではない。どういうわけか繰り返し観てしまう作品を30数本取り上げ、その楽しみ方について書いている。

撮影地（とくに地方）に想いを馳せたり、飲食場面の細部にこだわったり、登場人物や俳優の魅力を掘り下げたりする本である。

映画の本としては甚だ不格好ではあるが、韓国と韓国人に興味をもち、韓国各地を旅することが好きな人には楽しんでいただけると思う。

最後に、映画の本を出す機会を与えてくれたＡＰＥＯＰＬＥさんに謝意を表したい。

鄭銀淑（チョン・ウンスク）

※本書で取り上げた各映画のデータ部分には、韓国での公開年を記しています。

目次

## 2章　躁鬱と清濁の舞台、ソウル

## 3章　江原道の力、映画の力

## 4章　釜山映画、威風堂々



装丁　山城絵里砂
カバー撮影　キム・ドンハ
本文デザイン　田中明美
風景写真　株式会社キーワード

# 1章

# ソウルから遠く離れて

熱血男児

初恋のアルバム　人魚姫のいた島

亀が走る

3人のアンヌ

タクシー運転手　約束は海を越えて

慶州（キョンジュ）　ヒョンとユニ

ひと夏のファンタジア

# 熱血男児

## 南道の風景、韓国の母性

公開：2006年
原題：열 혈 남 아
監督：イ・ジョンボム
出演：ソル・ギョング、チョ・ハンソン、ナ・ムニ、ユン・ジェムン、リュ・スンニョン、シム・イヨン
物語：復讐相手の故郷に乗り込んだ刺客がその母親と心を通わせてしまう

### 憎めない小悪党

ある時期までソン・ガンホと互角の存在感があったソル・ギョング（ジェムン役）主演なのだが、韓国でも日本でも大きな話題にはならなかった作品だ。しかし、私にとっては「人生映画」（生涯最高の一本）と言ってもいい。

序盤はねっとりした韓国ヤクザの世界が描かれる。

冒頭の結婚披露宴のシーンでニール・セダカのYou Mean Everything to Me（きみこそすべて）をねちっこく歌うジェムンや、兄貴分のヤクザ（キム・ジュンベ）と祝儀泥棒

（ソン・ウッキョン）の立ち居振る舞いは何度見ても笑ってしまう。

堅気の結婚披露宴の場でありながら、兄貴分は子分たちに睨みを利かせつつ、いやらしい笑顔で招待客をもてなす。祝儀泥棒は下っ端ヤクザたちを相手に全羅道訛りで幹部との学縁を騙り、祝儀をかっさらう機をうかがっている。4章で取り上げた『悪いやつら』にも魅力的な悪党・小悪党が登場するが、本作も負けていない。

韓国の極道映画はこの数年後、『新たな世界』『ベテラン』『アシュラ』に象徴される、権力とねんごろになるビジネスヤクザものが主流になる。悪役への憎悪をかきたて、最後の最後にヒーローが彼らを倒すことでカタルシスを与えようとする物語が多いのだ。

しかし、私はその手法が肌に合わない。ファン・ジョンミン主演の『ベテラン』で、息子の目の前で親を暴行する場面などは思わず目を覆った。いくらフィクションでもやっていいことと悪いことがある。

どんな悪役でも、「身につまされる」「ヤクザも人の子」「男って本当にダメね」そんなふうに思わせてくれるキャラクターが好きなのだ。日本の映画では1983年の『竜二』の主人公がそれだった。

『熱血男児』はジェムンも、その弟分チグク（チョ・ハンソン）も、敵役のテシク（ユン・

ジェムン）も、人間らしさ、弱さがしっかり描かれていた。とくにテシクが、ジェムンが待ち受ける全羅南道の筏橋《ポルギョ》に向かう途中、サービスエリアで傘をさしながらしゃがみこみ、雨を見つめるシーンは忘れられない。親不孝なヤクザでも母親と会う晩はセンチメンタルになるのだろうか。

日本の仕事を20年以上やってきて感じたことだが、私たち韓国人は日本人以上に雨に情緒を感じるらしい。雨で思い出す映画がある。２０００年に公開された『ペパーミント・キャンディー』だ。ふだんは民主化運動家を拷問している刑事（ソル・ギョング）が、群山（全羅北道）の飲み屋の女の子に初恋を語り、一夜をともにしたのは、しのつく雨の夜だった。

## 取り残された地方

ジェムンとチグクがソウルから夜通しクルマで南下し、明け方、朝鮮半島の南の果て筏橋へ着く。車窓にはスレート屋根の平屋の商店、車道を横切りながらメンチを切る不良っぽい学生たち、ミニスカートでスクーターを走らせる茶房《タバン》アガシ（ホステス）など、ソウルから遠く離れた田舎町らしい風景が迎えてくれる。

公衆電話で話している茶房アガシ（シム・イヨン）とジェムン（ソル・ギョング）が再会するシーンが撮影された江景の中央市場前

劇中のチョムシム（ナ・ムニ）のイメージそのままの女将が切り盛りしていた全州のクッパ屋「現代屋」

「ガキどものガラも悪いし、クソみたいな町だな」(ジェムン)

全羅道は1963年から1979年まで大統領を務めた朴正熙の政敵・金大中の支持基盤だったため長らく冷遇され、開発から取り残されてきたところだ。とくに全羅南道は半島の南のはずれということもあり、開発の遅れは顕著だった。

また、朝鮮王朝時代、全羅南道は国に逆らう大罪を犯した者や政争に敗れた者が流配される地でもあった。

韓国人ならだれもがその名を知る儒学者丁若鏞《チョンヤギョン》と、その兄で博物学者の丁若銓《ヤクチョン》は南道で20年近い流刑生活を送った。どこか悲しい物語がつきまとう地なのだ。

「セリフにもありましたが、『筏橋でケンカ自慢すると危ない』と言われたくらい、タフな気質を持った人たち、アウトローが多かったといわれています」(イ・ジョンボム監督)

記録的なロングセラー小説『太白山脈』にも描かれた麗水・順天事件(1948年に起きた共産主義者と反共産主義者の戦い。3300人以上の死亡確認)をはじめ、争いごとが多かった。それが筏橋をこの映画の舞台に設定した理由だという。

韓国ではヤクザの出身地というと全羅道を思い出す人が多い。そのイメージは、政治的に不遇で、慶尚道の蔚山(造船)や浦項(製鉄)のような産業も少ない農業漁業頼みの土地では、都会に出てヤクザ稼業に手を染めるしかなかったということからきている。かつて韓国映画に出てくるヤクザの多くが全羅道訛りで話していたこともそれに一役買っているはずだ。チョ・ジェヒョンとチャ・インピョ主演の『木浦は港だ』やチョ・インソン主演の『ザ・キング』はそれを象徴する映画だ。

　私のような悠長な旅人は、他の地域では見られなくなった古い町並みが残り、その背景に複雑な物語がある南道が大好きだ。90年代の終わりに金大中政権が誕生してから、全羅道もかなり開発が進んだが、70年代を舞台とした映画のセットかと思うような風景はまだたくさん残っている。

　劇中、公衆電話で話している茶房アガシ（シム・イヨン）とジェムンが再会する道端のさびれっぷりはいかにも南道らしいが、ここはじつは全羅道の北端と接する忠清南道論山市の江景《カンギョン》邑という町で撮影されている。筆者は江景が好きで何度も訪れているため、すぐにそこだとわかった。イ・ジョンボム監督の話によれば、じつは冒頭、ジェムンが到着した筏橋の町並みも実際は江景で撮ったそうだ。行政区画としては忠清南道だが、老朽化した建物が目立つ江景の町並みはとても全羅道的だ。

　この辺りは韓国有数の穀倉地帯で、日本植民地時代は収奪の対象だった。この町を流れる錦江《クムガン》という川が西側の黄海につながっているので、日本に送られる米などの集積地として栄え、多くの日本人が住み、今も日本時代の建物が多く残されている。

映画では茶房アガシの後ろに江景の中央市場入口、その左手にジェムンの敵役テシクの母が営むクッパ屋が写っていた。今、クッパ屋は跡形もないが、劇中の店は実際にあった古い建物を生かしたセットだったと記憶している。

クッパ屋の女将チョムシムは、国民の母と呼ばれる女優のひとり、ナ・ムニが演じている。日本ではシム・ウンギョン主演『怪しい彼女』のおばあさん役の印象が強いだろうか。チョムシムは典型的なヨクジェンイ・ハルモニ（毒舌ばあさん）で、日本人にはリアリティが感じられないかもしれないが、少なくとも韓国の田舎の食堂や市場では珍しくなかったキャラクターだ。

江景からそう遠くない全州という街に「現代屋」という小さなクッパ屋があった。全州が観光地として大ブレイクする前から地元民に愛されてきた人気店だ。そこの女将がまさにヨクジェンイ・ハルモニだった。すでに女将は引退し、「現代屋」はフランチャイズ化され、ソウルの鍾路や江南の繁華街でも見かけるようになった。歯に衣着せない毒舌の裏にある苦労人特有のやさしさより、同じ味のクッパを全国で提供することが優先される時

右がジェムン役のソル・ギョング、左がチグク役のチョ・ハンソン



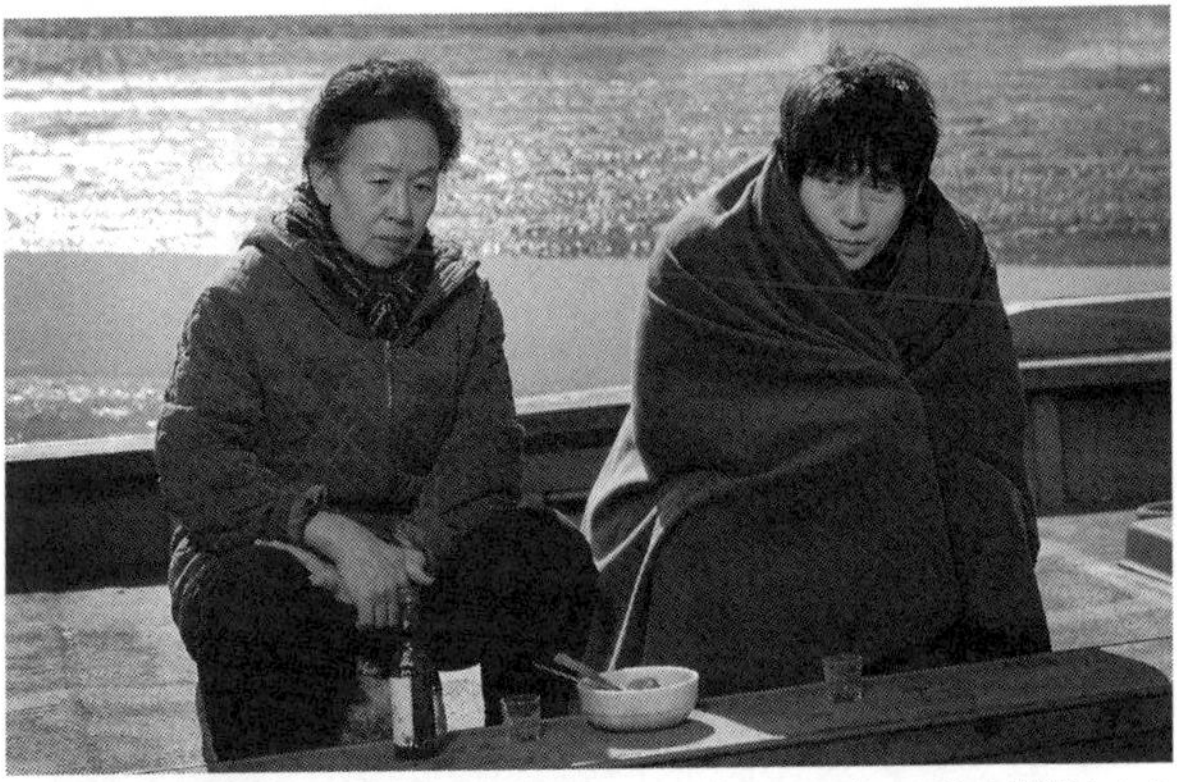

ケッポル（干潟）に浮かぶ小舟の上でジェムン（ソル・ギョング）を説得しようとするチョムシム（ナ・ムニ）

代なのだ。

敵役の母親に思慕の情を感じてしまうジェムン。息子を殺しに来た男と息子をダブらせてしまうチョムシム。映画の中盤以降は、口汚くののしり合いながらも心を通わせてしまう二人の複雑な表情に胸が熱くなる。

極めつけはケッポル（干潟）で漁をするおばさんたちとの海辺の宴会シーンだ。ケッポルの風景は一面灰色で少々憂鬱だが、全羅道らしい風景のひとつである。

「女は墓に入るまでケッポルで泥に浸かって働くんだ」（チョムシム）

干潟は滋養豊かな貝や手長ダコ、日本でもよく知られているムツゴロウなどを産するため、南道の母性の象徴ともいえる。

「一番の親不孝は子が親より先に死ぬことさ。親を悲しませるようなことだけはしないでおくれ。約束だよ」

干潟の上の小舟で、遠回しにジェムンを説得しようとするチョムシム。

ジェムンはチョムシムの息子を殺せるのだろうか。

# 初恋のアルバム　人魚姫のいた島

## 未来との対比で天使を描く

### たくましい母、さえない父

3章で取り上げた『ラブレター　パイランより』が、ヤクザ者との対比で天使を描く映画なら、本作は同一人物の現在と過去を対比し、天使だった過去を描く映画だ。

「父も母も親の資格のない人たちなの。私もいっそあなたと同じ孤児だったらよかった。楽しい思い出なんてひとつもないのよ。これが現実。私がチョ・ヨンスン（コ・ドゥシム）とキム・ジングク（キム・ボングン）の娘として生まれた現実なの」

お人好しな父親がうっかり保証人になって借金を背負い、自分は大学に進めなかった。

公開：2004年
原題：인어공주
監督：パク・フンシク
出演：チョン・ドヨン、パク・ヘイル、コ・ドゥシム、キム・ボングン、イ・ソンギュン
物語：家出した父を探しに島を訪れた娘が、30年前の母親と出会う


写真：Everett Collection/アフロ

郵便局に勤めてこつこつ貯金しても海外旅行にも行けない。家族で外食することも滅多にない。そんな現実に絶望したナヨン（チョン・ドヨン）は彼氏に八つ当たりする。彼氏役は『パラサイト　半地下の家族』で豪邸の主を演じるまであと15年を要するイ・ソンギュン。当時29歳。ピアスをしている姿が初々しい。

田舎者丸出しで厚顔無恥な沐浴管理士（アカスリおばさん）の母ヨンスン、郵便局のしがない仕分け係の父ジングク。

映画の序盤は倹約家のヨンスンの金にまつわる悲しい描写が続き、観るのがつらかった。じつは私の父も事業をするたびに人に騙されて借金を作り、母を悩ませていた。母親は小さな工場を経営し、剣道の防具を作って日本に輸出して稼いでいた。南北分断前の北側出身の女は生活力があるといわれるが、母も例外ではなかった。

「ウチのお父さんは商売向きじゃないね。人が好過ぎるもの」

これが母の口癖だった。

どんどんたくましくなっていった母の姿と、ふがいない父を比べがちだった私は、江辺テクノマートのシネコンプレックスで初めてこの映画を観たとき、感情移入するほかはなかった。

## 若き父母との対面

仕事に疲れたと言い残して行方不明になった父を探しにナヨンは旅立つ。ソウルから遠く離れた島で、どこの誰だかもわからないナヨンを快く迎えてくれた海女のヨンスン（チョン・ドヨンの一人二役）は、二十歳の頃の母だった。

天使の物語はここから始まる。

ヨンスンは若い郵便配達夫ジングク（30年前のナヨンの父）に恋焦がれている。ジングクに扮するのは当時20代後半のパク・ヘイル。切れ長の目は朝鮮美男と呼ぶにふさわしい。彼が自転車で島を走る場面は、皐月の鯉の吹き流しのようにすがすがしい。

純粋無垢なナヨンのジングクに対するアプローチの方法が微笑ましい。

自分の家にたびたび郵便物を配達させるために、本土にいる弟に1通100ウォンで毎日手紙を書かせる。

ところが、夏休みで弟が帰宅しているときは手紙を出させることができない。そこで知恵を絞ったナヨンは、チヂミを大量に焼いてザルにのせてご近所に配る。

「ザルは何かのついでのときに返してくれればいいです。なんなら郵便屋さんに頼んでください」

将来のたくましい姿を想像させる知恵者ぶりだ。

ヨンスンと弟とナヨンがチヂミを配る場面は、ちょっとした食べものでも分かち合って食べた古きよき時代の郷愁を呼び起こす。

若きヨンスンとジングクが愛を育んだ島がどこなのか、映画は教えてくれない。

登場人物の多くが全羅道方言を使っているので、南道のどこかの島と考えるのが自然だが、実際のロケ地は済州の東端の城山浦港から船で20分で行ける牛島《ウド》だ。この島は済州のなかの済州と呼ばれるほど、島らしい風光をもっている。

ヨンスンはチヂミのおすそ分けをしている途中、自転車で走り去るジングクを目撃し、あわてて後を追う。背景は美しい曲線を描く石垣と背の低いピーナッツやニンニクの木が植えられた畑。風の島と呼ばれる済州では隙間のない壁は崩れやすく危険なので、人々は溶岩が固まってできた不揃いな玄武岩を積み重ねて石垣（パッタム）を作った。岩を積み重ねるとき、微妙な隙間を作ることで風が抜け、見た目よりはるかに堅牢な壁となる。

このシーンの撮り方は、ナポリ沖の小島を舞台としたイタリア映画『イル・ポスティーノ』（マッシモ・トロイシージ&フィリップ・ノワレ主演）の影響を受けていると拝察する。

パク・フンシク監督は『イル・ポスティーノ』が大好きらしい。アコーディオンを使った音楽もじつによく似ている。

農作業を終えた島のおばさんたちが、自転車で通りがかったジングクを引き留め、やかんからマッコリを飲ませる場面もいい。農酒とか労働酒とも呼ばれるマッコリらしい使われ方だ。

下町のシュポで高校教師役のキム・ユンソクと大道芸人役のパク・スヨンがマッコリを飲む『ワンドゥギ』。農作業の途中でマッコリを飲んで昼寝する農夫（チョン・ジェヨン）がかわいらしい『ウェディング・キャンペーン』と並ぶマッコリ名場面だ。

ナヨンは自分が孤児だったらよかったのにと思っていたにも関わらず、若き母と父が結ばれるよう工作してしまう。

ほどなくしてジングクと親しくなることに成功したヨンスンは、彼からチャジャンミョン（ジャージャー麺）をおごってもらう。夢中で麺をすすり込むヨンスンが愛おしくなったのか、ジングクは自分の分も分けてやる。

このあとのヨンスンの妄想シーンでも、ジングクは海から上がって体が冷えているヨンスンを抱擁しながら、

「おつかれさま。あったかいもの作っておいたよ」

と耳元で囁く。

広い肩幅、厚みのある胸。ジングクは肉体こそ男らしいが、キャラクターは母性的だ。母を知らないヨンスンはメロメロである。

## 人はやさしくなければ

ヨンスンとジングクの純愛物語に骨抜きになった私は、映画公開の2年後、牛島のヨンスンが住んでいた家に行ってみた。撮影時は廃屋をリフォームして使ったそうだ。ひと気がなく、その日は曇り空だったこともあり、ちょっと寂しかったが、基本的に映画で観た家と同じ佇まいで安心した。

この島に住む女性はほとんどが海女か元海女だ。潜水漁をする者は世界中にいるが、済州島の海女はどこの国の海女より深く潜るという。

牛島を散策しているとき、当時70歳の女性に話しかけ、家までおじゃましたことがあった。彼女はなんと現役の海女だった。夫は存命中、妻が海で稼ぐのをいいことに、働きもせず女遊びばかりしていたという。ヨンスンのように女に生活力があるからこうなるのか、

済州の東、牛島にあるヨンスンの家(2006年撮影)

2004年、済州を一周したとき、西南の海辺で出会った海女さんたち

男がダメだから女が強くなるのか。当時も今も独身の私は考え込んでしまう。

劇中、ジングクをほめちぎるヨンスンにナヨンが言う。

「男はやさし過ぎてもダメね。周りの人を苦しめるもの」

20歳のヨンスンが返す。

「どうして？　やさしくて何がいけないの？　人はいつだってやさしくなきゃ」

コ・ドゥシムが演じた30年後のヨンスンは、初めから厚顔無恥ではなかった。はにかみ屋で、人はやさしくなければならないと信じる女だった。韓国の端っこから都会に出てきて、現実に適応するために変わらざるをえなかったのだ。若き母と父の姿をそばで見るという得難い体験をしたナヨンはそのあと現代に戻ったが、母親を見る目は以前とは違ったはずだ。

私もときどき現実が思うにまかせないと感じたとき、人はやさしくなければならないと信じたあの頃に戻りたくなる。

そんなとき見返すのがこの映画だ。

映画の終盤には、島に初めてバスが導入された日の記念式典の場面が挿入されている。自転車で走り去って行くジングクをバスの窓ガラス越しに見つめるヨンスン。ここで窓ガラスを見て私はハッとした。ジングクがヨンスンの胸の中に吸い込まれ、溶けていくように撮られているのだ。

♪チリリン

自転車のベルの音と同時に微笑むヨンスン。

映画の技法としてはベタなのだろうが、ベタこそ最強と唸らされた瞬間だった。

# 亀、走る

## 田舎の魅力伝えるアイテム満載

**忠清道訛り、茶房、貸し漫画屋、コンテナ……**

舞台が田舎であることを積極的に描いた映画で思い出すのは、2004年の『最後の狼』（江原道旌善郡）と『彼女を信じないでください』（忠清北道）だが、『亀、走る』はそれに匹敵するザ・田舎映画だ。

舞台は忠清南道の北東に位置する礼山《イェサン》。物語は田舎刑事ピルソン（キム・ユンソク）と田舎教師の忠清南道訛りの会話から動き出す。忠清道がお笑いタレントを数多く輩出してきたのは、その独特な訛りのせいといわれているが、それも納得のとぼけた味わいがよく

公開：2009年
原題：거북이 달린다
監督：イ・ヨヌ
出演：キム・ユンソク、チョン・ギョンホ、キョン・ミリ、ソヌ・ソン、シン・ジョングン
物語：賭け闘牛で儲けた金を脱獄犯に奪われた田舎刑事が、地を這うように犯人を追う

写真提供：韓国映像資料院

出ている。この会話はエンディングにつながっているのでよく見ておいてほしい。

村ではたいした事件も起こらない。ピルソンは知り合いの運送業者ヨンベ（シン・ジョングン）をおとりにしてデリヘルの現場に踏み込む。男を腹の上に乗っけているだけの年増デリヘル嬢は、このあと出演作が急増する女優ラ・ミランだ。

彼女は本作公開の7年後の2016年には『ザ・メイヤー　特別市民』でチェ・ミンシクの向こうを張り、ソウル市長候補を演じている。じつに守備範囲が広い。そして、2019年にはついに『ガール・コップス』で主役の座をつかんでいる。

本作でのラ・ミランのデリヘル現行犯の言い訳のセリフの語尾が、全部「〜ユゥ」「〜ユゥ」と忠清道らしく訛っているのには笑ってしまう。ちなみにラ・ミランの出身地は忠清道ではなく江原道の旌善《チョンソン》だ。

ピルソンが脱走犯とニアミスする場所が茶房というのも田舎映画にふさわしい。茶房は本来、日本でいう純喫茶なのだが、ただ飲み物を出すだけで茶房が成立するのは都会くらいだ。田舎では茶房アガシ（接待嬢）が男性客の隣に座ってボディタッチを許したり、ときには店外デートしたりしないと商売にならない。事実上のスナックであり、風俗店でもあったりするのが田舎の茶房なのである。

よく知られている映画では、イ・チャンドン監督のデビュー作『グリーンフィッシュ』(1997年)で、主人公マクトン(ハン・ソッキュ)の妹(オ・ジヘ)が家族に内緒で茶房アガシをしていた。

同監督の『シークレット・サンシャイン』(2007年)では、ソン・ガンホ扮するカーセンター社長が茶房アガシにコーヒーを出前させるシーンがあった。

さらに、2005年の『ユア・マイ・サンシャイン』では主人公(ファン・ジョンミン)の意中の女性(チョン・ドヨン)が茶房アガシで、店外デートの常習犯だった。チェ・ミンシク主演の『悪いやつら』(2011年)では、若手のヤクザ親分(ハ・ジョンウ)が事務所に出前に来た茶房アガシを膝の上に乗せ、胸をもみしだく生々しい場面があった。

別項で取り上げた『熱血男児』や『ラジオスター』では茶房アガシが重要な役割を担っていた。いずれも、田舎町が舞台である。

ピルソンの妻(キョン・ミリ)は鄙《ひな》には稀な美人だが、旦那が安月給なので、貸し漫画屋を営みながら靴下を束ねる内職をする苦労人だ。

子供たちが寝静まったある晩、ピルソンは妻に迫るが、はき古して穴の開いたパンティに指が引っかかってしまい、一気に萎える。

ソウル乙支路3街駅5番出口の目の前にある「乙支茶房」(2016年撮影)は、女将が一人で切り盛りする純喫茶。周辺の再開発で風前の灯だ

セットのように見えるが、大邱の韓進高速バスターミナル2階に実在した健全な茶房(2013年撮影)

キョン・ミリといえば誰もがドラマ『宮廷女官チャングムの誓い』のチャングムの宿敵、チェ尚宮を思い出すだろう。あの気高いチェ尚宮にずいぶんな役を与えたものだと思うが、本作では終盤キョン・ミリがチェ尚宮を思い出させる迫力の演技を見せてくれるので、溜飲が下がる。

田舎映画ではコンテナも重要なアイテムだ。

本作ではピルソンの手下となるヤクザもどきのヨンベがコンテナを事務所にしている。田舎ではコンテナをそのまま飲食店の店舗としている例も珍しくない。世界でも屈指の貨物取扱量を誇る釜山には、コンテナの店舗の前に行列ができる海鮮料理屋があった。また、忠清南道の瑞山《ソサン》共用バスターミナルの敷地沿いにはコンテナ酒場が連なっている。これがなかなかおもしろい光景である。

同じキム・ユンソク主演映画『チェイサー』(2008年)にもコンテナの土木事務所が出てきた。また、田舎ではないが、『グエムル　漢江の怪物』では、グエムル(怪物)がコンテナに逃げ込んだ人々を噛み殺している。偶然にも、このとき間一髪で難を逃れたのが当時30歳くらいのラ・ミランだ。

徹底して田舎にこだわるこの映画には終盤、小さな漁港が出てくる。ピルソンは建物の

『亀、走る』の舞台、礼山からさらに西方向に位置する瑞山の共用バスターミナル脇にあるコンテナ屋台街(2013年撮影)

瑞山共用バスターミナル脇にあるコンテナ屋台の店内。カウンターに6、7人座れるくらいの奥行だ

2階に潜んでいるであろう憎きギテ（チョン・ギョンホ）と交渉しようと、小舟に乗っている漁師からマイクを取り上げ、ギテに呼びかける。その姿はまるで村祭りの司会者のようだ。何事？　と一斉に船を見つめる漁民たちの表情も素朴でいい。中盤の農民偽装に続く、ヨンベたちの漁民偽装も板についている。

田舎映画らしく、ラストは円満に、牧歌的に締めくくられる。

こういう映画もあっていい。本作を見るたびに東ソウルバスターミナルから高速バスに乗り、気まぐれな途中下車の旅がしたくなる。

# 3人のアンヌ

## 映画を観てから旅に出る

### 物語ではなく人々と景色を愛でる

ホン・サンス監督の映画の予告編から得られる情報はとても少ない。誰が主演で、舞台はどの辺りなのかがわかるくらいだ。

だが、それでもまったく困らない。彼の作品については予告編を観て鑑賞するしないを決めたりすることはまずなく、新作が出れば自動的に観るという感じだからだ。正直、鑑賞したいというモチベーションがものすごく高いわけではない。それでも、観て後悔したことは一度もない。それどころか、DVDまで買って繰り返し観てしまう。

公開：2012年
原題：다른 나라에서
監督：ホン・サンス
出演：イザベル・ユペール、ユ・ジュンサン、チョン・ユミ、ユン・ヨジョン、クォン・ヘヒョ、ムン・ソリ、ムン・ソングン
物語：アンヌという外国人女性が、全羅北道の辺山半島にある芽項海水浴場を訪れる

写真：Everett Collection/アフロ

映画を観るというより、景色を観るのに近い。あるいは、街なかで見知らぬ人がとんちんかんな会話をしているのを、笑いを堪えながら聴くような感じだ。

『3人のアンヌ』もそんなふうに観た。イザベル・ユペールというフランスの有名女優が主演という物珍しさはあった。同監督の初期から中期の作品は、『アバンチュールはパリで』という文字通りパリで撮影された作品以外、すべて韓国内で撮られているし、登場人物も少ない。いつものホン・サンス的風景のなかにブロンドの女性が登場したらどんな不協和音が奏でられるのだろうという興味はあった。

物語は、アンヌという外国人女性が全羅北道の辺山半島《ピョンサン》にある芽項《モハン》という鄙びた海水浴場に滞在する話だ。3部構成で、1部がライトパープルのシャツを着た情緒安定型のアンヌ、2部が赤いワンピースを着た感情の起伏が激しいアンヌ、3部が緑のワンピースを着た情緒不安定なアンヌだ。

いつものホン・サンス映画のように、旅先で起きるちょっとしたいさかいが描かれているだけで、あらすじを語るほどでもない。しかし、とぼけたライフガード（ユ・ジュンサン）、美人ペンション管理人（チョン・ユミ）、身重の妻の隙を見てはアンヌに迫ろうとする映画監督（クォン・ヘヒョ）、口の達者な僧侶（キム・ヨンオク）など、エキセントリックな人物がこれでもかと出てくる。

舞台は都会から遠く離れた芽項という海辺の町。私は映画公開の翌年、日本から来たカメラマンと2人でこの地を訪れた。3人のアンヌを巡るとんちんかんな人間模様を観ているうちに、猛然と行ってみたくなったのだ。

2泊3日の滞在中、映画のようなことは起こらなかったが、また違ったドラマの連続だった。

## 全羅北道の芽項という町

私は初めての町に行くと、まず市場を歩いて人当たりを確かめたり、産物を見たりする。しかし、この町には市場らしいものはなかった。しかたなく、映画に出てくる海辺の小さな灯台を見に行ったところ、そのすぐ近くに「灯台室内馬車」という看板を掲げた小屋のような店を見つけた。店名は灯台近くの室内屋台という意味だ。そこはどうやら食堂兼飲み屋で、この町の中高年たちのたまり場になっているらしいが、映画にはまったく映っていなかった。

店主は口数が多過ぎず少な過ぎない人で、なかなかの人格者とお見受けした。常連の一人はよく日焼けした小柄な人で、聞けば全国を放浪中だそうだ。店の後ろの丘にテントを張って暮らしている。テントの周りの地面が黒く焦げているので、わけを聞くと、勝手に焼き畑農業をやっているのだという。たくましい自給自足生活である。

地元の人たちと仲良くなろうと、店の前のイスで飲んでいるご常連たちに交じってマッコリをいただく。私は当時40を過ぎていたが、常連から見れば若い娘の一種だったようだ。なかなかの歓迎ぶりである。7月とはいえ夏休み前で仕事も暇。話し相手に飢えていたということもあるだろう。

この町にはやはり市場がないらしい。私のすぐ隣で飲んでいるのはトラックに野菜を積んで行商する人だった。店主にこの町のことをあれこれ聞いているうちに、住民が入れ代わり立ち代わりやってきて話に加わる。夕方の海風が気持ちよく、マッコリが進む。楽しい宴である。

## 囚われの身

飲み始めて一時間が過ぎたころ、そこにこれまでの住民とはちょっと違ったあか抜けした夫婦が加わった。ご主人は60歳くらい、奥さんは50歳くらいだろうか。服装からも話し方からも「オレはこの辺りの田舎者とは違うんだ」という空気を漂わせている。そのせいか、他の常連とも微妙な距離があるようだ。ソウルの有名芸術系大学を出ていること、自身が特殊部隊を経験した元職業軍人であること、リタイヤしてこの町に移り住んできたことなどを話してくれた。

嫌味と言えば嫌味だが、躊躇なく自慢話をする様子が少年のようで可愛くもある。私が仕事柄あれこれ質問するのに気をよくしたのか、クルマで芽項を案内してくれるという。

夕日が美しいところとして有名な格浦《キョクポ》の海岸で、夫婦はオレたちを撮れといわんばかりに、ポーズを決めたり、いちゃついたりする。今夜の宿はまだ決まっていないと言うと、ウチに泊って行けと言う。田舎町では警戒し過ぎたり遠慮したりせず、現地の人の言いなりになるのが楽しむコツだ。遠慮するふりをしながら、のこのこ付いていく。

屋上付き二階建てのお宅はなかなか立派だった。家の前にはオブジェのつもりなのだろうか、小型船舶が置いてある。いや、よく見たら洗濯物が干してあった。庭先にはトマトやキュウリ、ズッキーニがなっている。野菜を買う必要はなさそうだ。一階には広いリビングと夫婦の寝室。二階には客間が3つ。リビングの真ん中には足湯があった。

奥さんは夕食の準備に取りかかる。ご主人は個人史を語り続ける。どうやら、北朝鮮に侵入して情報収集する北派工作員の経験もあるらしい。2002年の大ヒット映画『シルミド』さながらである。軍服や肩章まで引っ張り出して、ご主人のおしゃべりは止まらない。韓国では女性をいちばん退屈させる男性の話題の筆頭が軍隊の話なのだが、そんなことは意にも介さない様子だ。

韓国でも日本でも多くの人がリタイア後、離島のような半島での自給自足生活を夢見るのだろうが、現実は退屈との戦いなのかもしれない。地元民と親しくなれない人ならなおさらだろう。久しぶりの来客にエンジン全開のご主人を見てそう思った。

夕飯の献立もすごかった。ホンダワラという海藻を入れて炊いたごはん。ハマグリのスープ。茹でたハマグリ。これは酸味のあるキムチといっしょにサンチュで巻いて食べると牛肉に負けない旨さだ。さらにサザエの身と胆を茹でたものも。ビールもどんどん注がれる。最後にはご主人自ら牛肉を焼いてくれた。

翌朝は点呼でも取りそうな勢いのご主人に、「いつまで寝てるんだ！」と怒られながら6時に起床。朝食の前にまたまたクルマで芽項見物に出かける。『3人のアンヌ』の主舞台であるペンションに寄ってもらえますかと言うと、「そんなもの何がおもしろいんだ」と言いながらも連れて行ってくれる。ペンションのオーナーに映画撮影時の様子をインタ

映画にも登場した灯台のすぐ近くにあった「灯台室内馬車」の前で、地元民や放浪者と談笑する筆者（右）

芽項の旅を忘れられないものにしてくれた親切なご夫婦

ビューしたいから、ここから先は私たちだけで行動しますと言っても、「いや、1時間後にピックアップしに来る」と聞かない。

ペンションのオーナーは、ここでホン・サンス監督が映画を撮影したことなどなんとも思っていないどころか、迷惑だったようなことを言っていた。そのため、たいした話は聞けなかったが、イザベル・ユペールら主演俳優たちが実際に泊まった客室の中まで撮影できたのは収穫だった。私たちもここに泊まってみたくなった。

再び夫婦の家に戻り、朝ごはんをごちそうになる。焼き魚、取れ立ての野菜のナムルなど何を食べても美味しい。「今夜も泊っていけ」と言われたが、これでは囚われの身になってしまう。次の目的地での取材スケジュールもあるので、これで失礼しますと告げる。ご主人は不満そうだが、それでも芽項の次の取材先にクルマで連れて行ってくれた。

私はこの芽項をもっと知りたかったので、ソウル風を吹かせまくる人の自慢話ばかり聞いていられない。再び灯台室内馬車に向かった。

## 囚われの身、再び

この日は確か平日。時刻は午後3時を回ったくらいだったが、すでに2、3人の酔客が

チョン・ユミとユン・ヨジョンが語り合うシーンが撮影されたペンション「ウエスト・ブルー」のベランダ。その後ろの干潟はクォン・ヘヒョ扮する映画監督が緑のワンピースのアンヌに迫った場所

映画の舞台となった芽項のペンション「ウエスト・ブルー」。イザベル・ユペールをはじめとする主演俳優たちは撮影時、ここに泊まった

いた。私たちも彼らの席に座らせてもらい、酒宴が始まった。昨日の焼き畑農業おじさんも顔を出し、日本式の味噌汁茶碗でマッコリを何杯も乾す。歌も出る。私もステンレス製の箸で食器を叩いて調子をつける。カメラマンがカメラを横に置いて「ブルー・ライト・ヨコハマ」を歌っている。韓国人なら誰でも知っている日本歌謡だ。

しかし、楽しい宴もここまでだった。酔いを醒まそうと店の外に出たカメラマンが青い顔をして戻ってきた。

「特殊部隊のご主人が店の外で飲んでる！」

まずい。他の町に移動するからと、さまざまな申し出を辞退したのに。

しばらくして真顔のご主人が入ってきた。

「若い娘がこんなところで何してる！」

嘘をついたことと昼酒を飲んで酔っぱらっていることを怒っているのだ。一宿一飯の恩義があるとはいえ、そんなことを言われる筋合いではないのだが、他の客にもすまないので私は純情娘のように平謝りする。顔を真っ赤にして怒って出て行くご主人。

「気にすることないよ。さあ、他の店で飲み見直しだ」

焼き畑農業おじさんが慰めてくれる。

二次会の店は、いわゆるシュポ（スーパーの韓国的発音）だった。個人経営の小さな食料雑貨店である。店で買ったつまみや酒をプラスチックの椅子に座って飲む。日本の角打ちのようなものだ。この町の有閑おじさんたちが集まっている。ここからは私も記憶がおぼろだ。写真が一枚も残っていないので、カメラマンも同じだったようだ。

朝、目が覚めると、そこはこぎれいな部屋だった。ちゃんと布団も敷いて寝ている。カメラマンは隣の部屋で寝ている気配だ。外からドアを静かに叩く音がするので出てみると、ニコニコ顔のおじさんが鍋と辛ラーメンとカニを手渡してくれた。

「酔い覚ましにラーメン煮て食べるといいよ」

状況が飲み込めた。昨夜のシュポでベロベロになった私たちは、民泊をやっているおじさんの好意に甘え、ここで寝かせてもらったのだ。

別れ際、宿賃を渡そうとしたが。おじさんは受け取ってくれなかった。

「また遊びにおいで」

結局、二晩とも芽項住民の好意に甘える格好となった。

この旅の一カ月後、特殊部隊のおじさんに安否確認の電話を入れた。おじさんは怒鳴り散らしたことなどなかったようにやさしかった。

「また遊びにおいで」

全羅北道の中心都市・全州からバスを乗り継いで2時間くらいかかる辺境の地なので、いまだに再訪できていないが、行ったらただではすまない町、芽項の旅の記憶は今も鮮明だ。

映画監督たる者、ロケハン中にその町のただならぬ気配というものを敏感に感じ取るにちがいない。私の芽項での数奇な体験も、そんなホン・サンスのマジックのような気がしてならない。

# タクシー運転手
## 約束は海を越えて

### おにぎりとキムチとチャンチククス

**全員善人**

この映画に出てくる80年代の光州の人々はよい人ばかりで、ちょっとくすぐったい。事前知識なしで初めて鑑賞したとき、この監督は光州やその周囲の全羅道出身ではないなと直観したが、案の定、チャン・フン監督ははるか北の地、江原道旌善郡の人だった。

私は光州出身ではないが、南北分断前の北側出身の母親が南に避難し、光州の父と結ばれてできた子なので、この街にはシンパシーがある。母親は今でも光州に住んでいるので、年に何回か訪れる。

公開：2017年
原題：택시운전사
監督：チャン・フン
出演：ソン・ガンホ、トーマス・クレッチマン、ユ・ヘジン、リュ・ジュニョル、イ・ジョンウン
物語：光州民主化運動を取材に来たドイツ人記者を乗せたソウルのタクシー運転手がトラブルに巻き込まれる

私がこの映画で着目したシーンが3つある。

ひとつは運転手のマンソプ（ソン・ガンホ）が、地元の若い女性から差し入れされたおにぎりを光州のビルの屋上で食べる場面。

もうひとつはマンソプとドイツ人記者（トーマス・クレッチマン）と大学生ジェシク（リュ・ジュニョル）が、光州のタクシー運転手テスル（ユ・ヘジン）の家で夕飯をごちそうになる場面。

そして、もうひとつはマンソプが順天の大衆食堂でククスを食べる場面だ。

その魅力をひとつひとつ解説していこう。

## おにぎりが美味しい理由

光州に着いても事態の深刻さに気付いていないマンソプは、記者たちが撮影のために上がったビルの屋上で腰を下ろし、のんきにおにぎりを食べ始める。

「全羅道は食べ物が最高だっていうけど本当だな」

1980年といえば韓国全体がまだ豊かとはいえず、そのなかでも政治的に不遇だった全羅道は貧しかった。そんな全羅道の食べ物がなぜ美味しかったかというと、この地域が韓国有数の穀倉地帯であることが挙げられる。つまり、当時でも米自体は他の地域と比べても質がよかった可能性が高いのだ。

そして、おにぎりといえば味の決め手は塩だ。全羅道は西側が海に接していて、そこには夏の日差しで滋養豊かな天日塩を育む塩田が多いのだ。

マンソプはソウルの人間だから、このおにぎりが民主化運動最前線にいる者たちを元気づけるための土地の女性たちの後方支援であることなど知らないし、ましてや農耕文化を基盤とする全羅道では共同作業が盛んで、そのため豆ひとつ、米ひと粒でも分かち合って食べる美風があることなど知る由もない。

よい米と塩。このときマンソプが食べたおにぎりは情緒ではなく、本当に旨かったのだろう。

韓国以上によい米に恵まれ、専門店に行けばいつでも良質の塩むすびにありつける日本の人なら合点がいくのではないだろうか。

## 全羅道のもてなし

テスルはソウルからやってきた青い目の記者とマンソプらを自宅に招いて夕飯をふるま

う。突然の来客にとまどう奥さんに扮するのは、ここ数年日本でも認知度がアップしたイ・ジョンウン。『弁護人』（２０１３年）の現金な主婦役、日本映画『焼肉ドラゴン』のたくましい女将さん役、そしてアカデミー賞に輝いた『パラサイト　半地下の家族』では、わけあり家政婦役で大いに注目された。

「大事なお客さんなのに、これしかおかずがないのか？」

無茶を言うテスルを奥さんは睨む。

しかし、カメラが捉えたお膳には、牛肉らしきものの煮物、テンジャンチゲ、全羅南道名物の芥子菜キムチ、サワガニの醤油漬け、どんぐりの澱粉を固めたもの、蓮根の煮物、豆モヤシやホウレン草のナムル、大根の干し葉のスープ、山盛りのごはんが載っている。ミッパンチャンと呼ばれる作り置きの常備菜を出して並べたに過ぎないと思われるが、外国人に「どこが『これしかか』なの？」と思わせるには十分なボリュームだ。しかも、前述したように味付けの基本である塩と米の質は保証されている。

テスルは「これしか」と言ったが、80年代の全羅道の人の感覚でこれに何か足すとしたら、太刀魚やサバを甘辛く煮た物、そして、宴会料理の華であるエイの刺身だろう。全羅道は惜しみなく与うのだ。もっとも、揮発性の刺激の強いエイを出していたら、ドイツ人

左がジェシク（リュ・ジュニョル）、右がドイツ人記者（トーマス・クレッチマン）
※『タクシー運転手　約束は海を越えて』Blu-ray：5,280円（税込）DVD：4,180円（税込）　発売元：クロックワークス　販売元：TCエンタテインメント　その他提供：クロックワークス／博報堂DYミュージック＆ピクチャーズ

光州に住む私の母が作ってくれた夕食。主菜はエイの刺身と蒸し煮

記者は芥子菜キムチどころではない衝撃を受けたはずだが。

「ＨＯＴ！」

さっきまで胸ぐらをつかみ合っていたマンソプと記者だったが、キムチの辛さでヒーヒー言いながら記者はマンソプに笑いかける。あきれたように笑顔を返すマンソプ。小さなお膳を分かち合いながらみんなが笑う。全羅道らしい美しい光景だ。

## ククスとおにぎり

小さな娘を一人ソウルの自宅で留守番させているマンソプは、記者を残して光州を立つ。途中、順天バスターミナルの食堂でククス（そうめん）を頼む。食堂の常連や女将の会話から光州の実情がまったく外部に伝わっていないことを知り、さまざまな思いがあふれてくるが、それをそうめんごと押し戻そうとする。

「お腹空いてたのね。これもどうぞ」

女将がサービスで小さなおにぎりをくれる。

「美味しいです」

今回のおにぎりの味は塩や米の旨さだけではなかった。理不尽な目に遭いながらも他者への施しを忘れない光州の人々の情にふれたマンソプが、本当の意味で全羅道の味を知った瞬間だった。

日本版ＤＶＤの字幕は「美味しいです　ありがとう」となっていたが、実際のセリフは「マシンネヨ　マシッソヨ」と、「美味しい」を二度繰り返している。二回目の「美味しい」は一回目より少し丁寧な表現だ。言葉にはしていないが、マンソプの目が「ありがとう」と言っている。

全羅道は惜しみなく与う。本作は全羅道映画の金字塔だ。

# 慶州（キョンジュ）ヒョンとユニ

## 肉の噛み味、梨の香り、鄙には稀な美人女将。でも全部夢だったのかも

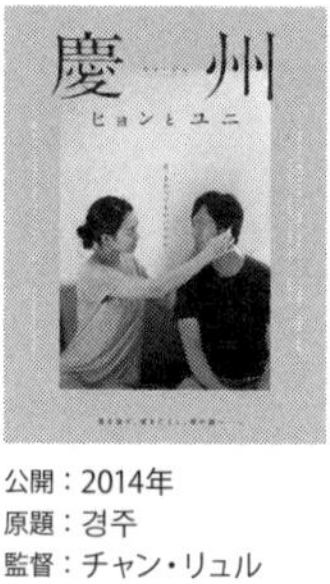


公開：2014年
原題：경주
監督：チャン・リュル
出演：パク・ヘイル、シン・ミナ、ユン・ジンソ、ペク・ヒョンジン、キム・テフン、リュ・スンワン
物語：北京で大学教授を務める韓国人男性の慶州1泊2日数奇な旅

### 慶州という街

慶尚北道の慶州。韓国人の多くが修学旅行で訪れる街だ。日本人にとってもその認知度は首都ソウル、釜山、済州に次ぐのではないだろうか。そもそも慶尚道の名は、海寄りの慶州と内陸の尚州《サンジュ》の頭文字からつけられている。

私は1999年頃から旅行記を書いているが、日本で韓流が始まった2003年頃からソウルの露出が増えたので、より韓国らしいところを取り上げたいと思い、地方に目を向

けた。それも、あまり日本人に知られていない田舎町ばかり取材していたため、観光地として有名過ぎる慶州は長らく敬遠せざるをえなかった。

とはいえ、まったく行かなかったわけではない。この20年間で5、6回は行っている。正確に言うと敬遠していたのは慶州そのものではなく、古墳群や仏国寺《プルグクサ》、石窟庵《ソックラム》、瞻星台《チョムソンデ》などの有名観光スポットである。では、私は慶州のどこで何をしていたのかというと、郊外で肉を食べていたのである。

慶州は江原道の横城《ヘンソン》や、慶州と同じ慶尚北道の安東に継ぐ韓牛（韓国産牛）の産地で、郊外にある川北花山プルコギ団地では、質のよい肉が都市部よりずっと安く食べられる。そこは、慶州中心部からクルマで20分ほど北上したところにあり、店の周囲にはなだらかな山と田んぼしかない。

靴を脱いで座敷に上がった瞬間、「いい店だ」と確信した。従業員（おそらく家族経営）が座敷のど真ん中で、牛肉の掃除（無駄な脂や筋、薄い膜などを取り除くこと）をしていた。その作業を客に見えるところで堂々と行うのは肉質に自信がある証拠だ。色つやのよい牛肉を掃除する家族はじつに楽しげだった。飲食業は一生の仕事ではないという見方がまだ根強い韓国では、店の主人やスタッフが笑顔であるかどうかが、いい店選びの重要な基準になる。

骨付きで出てくるカルビは、日本でよく見る霜降り肉のように脂が多過ぎず、赤身の旨味が際立っていた。韓国人が好む「噛み味」もある。ニンニクや味噌などを添えてサンチュで巻いて食べてもいいが、塩だけ付けて食べてもいける肉質だ。久しぶりに質のよいタンパク質を摂取したという幸福感で満たされる。

映画『慶州（キョンジュ）ヒョンとユニ』（以下、『慶州』）には飲み食いする場面がたびたび登場するが、焼肉を食べる場面はない。それどころか、主人公ヒョン（パク・ヘイル）ときたら、タバコは匂いを嗅ぐだけ。茶ばかり飲む。元カノとの再会を祝して一杯やろうとするもフラれる。汁かけ飯や麺は食べるが、据え膳は食わない。本人も目元に霞がかかったようだ。

これでは「ヒョンはこの世の者ではないのでは？」と疑われるのも無理はない。彼もしっかり肉を食べていれば、あの世との縁に迷い込んだりしなかったろう。

## ヒョンという旅人

主人公ヒョンの旅のスタイルはバックパッカーの理想そのものだ。

大邱空港に降り立った彼はTシャツにストレッチパンツというラフないでたち。荷物は韓国語で背嚢《ペナン》と呼ばれるリュックサックのみだ。中身はジャケットとスマホ、パスポート、着替えが数枚といったところだろう。2泊3日の予定とはいえ、この身軽さはうらやましい。荷物の預け先など気にせず、レンタル自転車で風のように走るヒョンを見ていると、慶州を旅したくなる。

7年前に先輩たちとともに訪れた伝統茶チプ（韓式カフェ）を再訪すること以外ノープラン。宿も予約していない。ソウルにいる元カノ（ユン・ジンソ）を突然電話で呼びつけたり、ユニ（シン・ミナ）のカフェを二度も訪れたり、突発的な行動が目立つ。多くのバックパッカーがヒョンのような気ままな旅がしたいと思うはずだ。

旅先のカフェや酒場で魅力的な主人と出逢う。これも多くのバックパッカーが夢想することだ。この映画のユニを語る日本人男性から「鄙には稀な」という言葉を初めて聞いた。都会から離れた辺鄙な町に不釣り合いな存在という意味だそうだ。男性の多くが、田舎町の居酒屋や旅館で「鄙には稀な」美人女将に会いたいと思っているらしい。

物憂げで、陰のあるユニはそんな妄想にぴったりのキャラクターだろう。その魅力は田舎町で出逢うわけあり男女の道行きを描いた『旅人は休まない』（1988年、イ・ジャンホ監督）の看護婦チェ（イ・ボヒ）や、『カンウォンドのチカラ』（1998年、ホン・サンス監督）の女子大生ジスク（オ・ユノン）と共通する。

ヒョンは社交的な人間ではないのに、ユニのおかげで希少な中国茶にありついたり、地元の人たちの飲み会に招かれたりした。二次会ではカラオケまで行き、かなり浮いてはいたが、彼なりにエンジョイした。ヒョンのように、自分で何も考えなくても周囲の人のペースで事が運び、けっこう楽しい。これもバックパッカーが求めがちなことだろう。旅人とは今生に疲れた者、今生から逃げてきた者だからだ。

「日本ほど個人主義が発達していない韓国には世話焼きが多いので、旅先でいい人に出会ったら、変に自己主張せず、言いなりになったほうが楽しい」

韓国にハマり、長年旅を続けている日本人からよく聞く言葉だ。その意味で、韓国はシャイな日本人にとって理想的な旅先のひとつらしい。

明け方、ヒョンはユニの部屋で数時間を過ごした。バックパッカーは見知らぬ人の家でやっかいになることを期待しがちで、それは武勇伝にもなる。私も日本人カメラマンといっしょに全羅北道の茅項という町に行ったとき、地元のおじさんたちがたむろする酒場で盛り上がり、初日は老夫婦の別荘に、二日目は休眠状態の民宿に泊めてもらったことがある。酔った勢いとはいえ、楽しい思い出である。

北京の妻からの電話で里心がついたのかどうかわからないが、ヒョンは早朝、ユニにあいさつもせず部屋を出た。この気ままさもバックパッカーの特権である。

## 延辺朝鮮族自治州と慶州

映画『慶州』を初めて観たとき印象に残ったのが、慶州のシンボルである陵（古墳）をほぼ水平にとらえたいくつかの場面だった。それは、ガイドブックや観光ポスターの写真には見られない、丸みのある陵線を際立たせる撮り方だった。ソウルのように、ビル街の向こうに山が見える風景は珍しくないが、生活圏でこのようなやわらかな波状を一望できる場所はなかなかない。

被写体は大陵苑《テヌンウォン》のような入場料を取る大規模な古墳ではなく、その北東方向の住宅街に隣接するカジュアルな古墳である。映画にも幼稚園児や高校生らしきカップルがすぐ目の前を通り過ぎる場面があった。古墳のある場面で観光客らしき人たちの姿はほとんど描かれていない。ユニに「慶州で陵を目にしないことはほとんどありません」と言わせているように、チャン・リュル監督は日常のなかにある古墳の姿にこだわっている。

これは慶州＝修学旅行、世界遺産、手垢のついた観光地という連想をしがちな韓国人にはない視点だが、外国人である日本の人たちには共有しやすい感覚だろう。

チャン・リュル監督は韓国や北朝鮮の人たちと同じコリアンではあるが、中国東北部（旧満州）吉林省・延辺《ヨンビョン》朝鮮族自治州の州都・延吉《ヨンギル》生まれだ。いわゆる朝鮮族である。日本の人たち同様、慶州の街を他者の目で見ることができる。慶州の古墳を、あるときは生き生きと、またあるときはしっとりと描くことができたのは、そのせいかもしれない。監督の両親はもともと慶尚北道の出身だそうだ。こういうのをお導きというのだろうか。

私は２００８年の冬と２００９年の春、監督の生地・延辺を旅したことがある。中国東北部全体にいえることだが、その印象は「凍土」「広大な地平」、そして「渇き」だった。都市部の延吉は中国と北朝鮮と韓国が共存するエキサイティングな街だったが、郊外に出るとどこまでも平野が続き、延吉の街はセットだったのではないかと思うほどだった。かつての日本帝国主義は、よくこんな荒野を開拓しようとしたものだ。延辺を舞台としたチャン・リュル監督の『豆満江』（２０１１年）や、ナ・ホンジン監督の『哀しき獣』（２０１０年）は、彼の地の渇いた空気をよく伝えている。

『男はつらいよ』シリーズで知られる山田洋次監督は、２歳から14歳まで満州で過ごした。

飲み会のあと、ヒョンとユニが横たわった陵

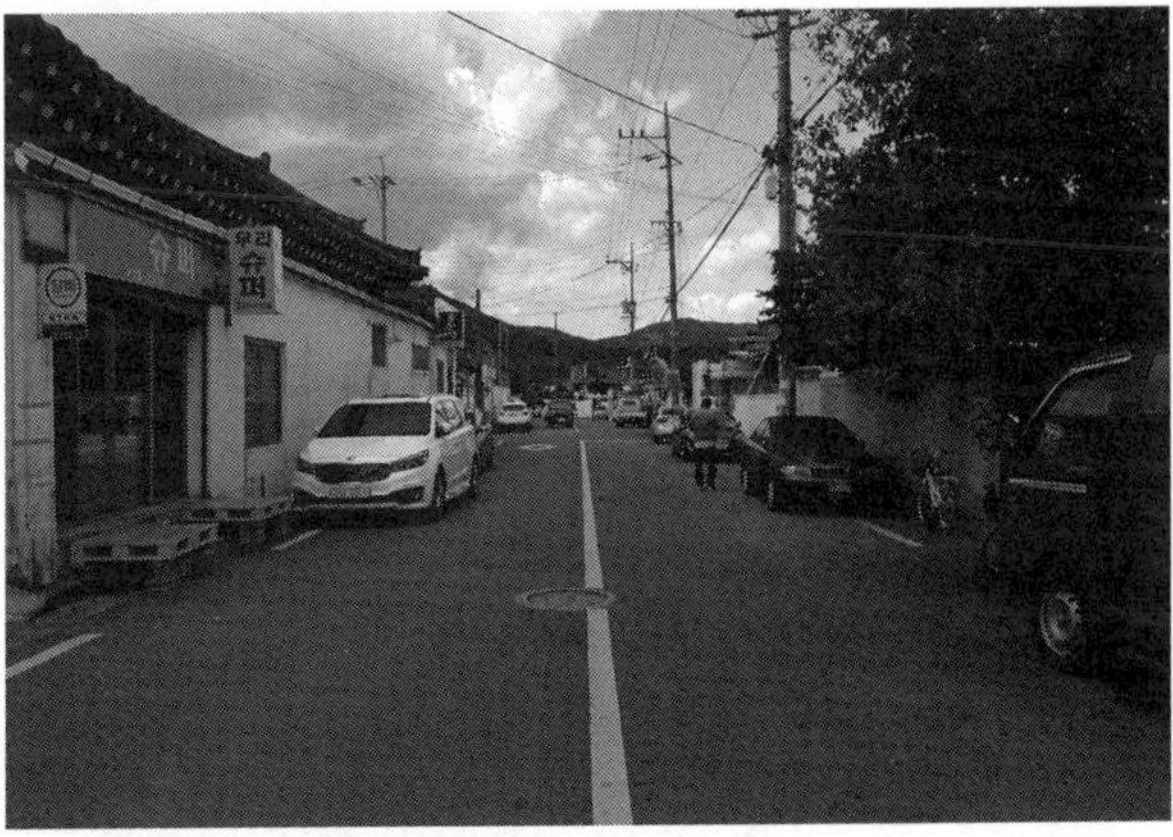
ヒョンとヨジョン(ユン・ジンソ)が歩いた通り。
左手は2人が水を飲んだ雑貨店。右手は占い屋台があった場所

終戦後の1947年、日本に引き揚げたとき、初めて見る田舎の風景がとても新鮮に映ったと、『いいかげん馬鹿』のDVDでコメントしていた。

「日本というのは箱庭のように美しい。変化に富んで、水がきれいで、山が青くってね。(中略) 満州は平野で、山がなく、もちろん海もない。列車の中から大連に向かうと山が見えてくる。山と言っても丘だよね。地面がふくらんでいるだけで驚いたり、感動したりしたもんだよ」

1995年に慶州を訪れたというチャン・リュル監督も、民族としての故郷に同じような感慨を覚えたのかもしれない。

延辺の旅で忘れられないのは、郊外の果樹園で食べたサグァペ(リンゴ梨)の味だ。渇いた土地でよくこんなみずみずしい果物が育つものだと感激した。そして、その記憶の中の味と香りは、のちにユニの涼し気な目もとと重なった。

## 慶州で撮影された映画

慶州という街は、映画の撮影地には選ばれにくいところだろう。日本でもよく知られている『善徳女王』のような新羅時代のドラマならともかく、どこを撮っても古墳が映り込む街が映画撮影に向くわけがない。

しかし、慶州で撮られた映画がまったくないわけではない。

思い出すのは1987年の『神様こんにちは』（ペ・チャンホ監督）と、2002年の『気まぐれな唇』（ホン・サンス監督）だ。両作とも主人公が地方を旅するロードムービーで、旅の映画としては良作である。

『神様こんにちは』は、ソウルに住む脳性麻痺の青年（アン・ソンギ）が少年時代に果たせなかった慶州訪問を、旅の途中で出逢った詩人（チョン・ムソン）や臨月の女性（キム・ボヨン）とともに実現しようとする話だ。

映画の終盤には古墳群と新羅時代の天文台・瞻星台が登場する。慶州が聖地のように描かれてはいるものの、慶州の映画とはいえない。しかし、慶州に到達するまでの旅の過程の描写が秀逸である。

たとえば、青年と詩人が臨月の女性と出逢う夜汽車の場面。通りがかりの村の宴会でマッコリをふるまわれる場面。田園風景のなかでヒッチハイクを試みようとする場面などは、旅心を大いに刺激される。『慶州』のヒョンのような気ままな旅がしたいと思っている人には、うっとりする場面の連続である。

一方、『気まぐれな唇』は、失意の俳優（キム・サンギョン）が春川に住む先輩（キム・ハクソン）を訪ねたあと、釜山に向かう列車で隣り合わせた人妻（チュ・サンミ）のあとを追うように慶州で下車する。なかばストーカーのように人妻をつけ回し、ほどなく一夜をともにする話だ。

『慶州』同様、住宅街と接するカジュアルな古墳が登場し、主人公がヒョンのように古墳の頂上に横たわる場面もある。だが、その目的は人妻の住む家を高いところから偵察するためだった。この主人公がうろつきまわる伝統家屋群の路地の描写は、観光の街・慶州にも人の暮らしがあるということに気づかせてくれた。

映画公開当時は、本物の積年が感じられる家屋が目立っていたが、ここ数年、韓国全土で大流行しているリノベーション（古びた伝統家屋をおしゃれなカフェやレストランに改装）によって、風景がかなり変わってしまったのが残念だ。

『気まぐれな唇』の主人公と人妻の二度目の情事の舞台は、実在する旅館「慶州荘」だった。『慶州』を観たあと実際にこの地を旅する人は、ヒョンと元カノが食事をした酔い覚まし汁の店「ロータリー・ヘジャンクッ」を訪れることだろう。「慶州荘」はこの店を出て視線を左に向ければ車道の向こう側にすぐ見つかる。光州民主化運動をモチーフとした

ハイライト場面が撮影された陵の昼景

大ヒットドラマ『砂時計』（1995年）の撮影もここで行われたので、泊まってみるのも一興だろう。

なお、『慶州』冒頭の葬儀のシーンに遺影で登場し、7年前の回想シーンでヒョンとともに「アリソル」で春画を眺めていた先輩を演じたのは、『気まぐれな唇』で主人公の先輩役だったキム・ハクソンである。

この2人の先輩キャラには、もっさりしていて影が薄く、妻や彼女に浮気されてしまうという共通点がある。同じ街を舞台にした映画で、どこか似ているこの2人。単なる偶然なのか。なにかしら意図があったのだろうか。

## 慶州へ向かわせる映画

韓国映画に触発されて旅に出る人は少なくない。

旅に向かわせる映画としてまず思い浮かぶのが、ホン・サンス監督作品だ。江陵や春川、慶州、薪斗里《シンドゥリ》（忠清南道）、堤川《チェチョン》（忠清北道）など田舎町の風景をざっくり切り取った初期・中期の作品を観て、何度その舞台を訪れたかわからない。

『慶州』も、まさに観る者を彼の地に向かわせる映画だ。この作品には、旅人、とくに一

ユニの伝統茶チプは実在した店だが、今は営業していない

ユニの部屋に招かれたヒョン
※ DVDは2021年9月リリース予定(A PEOPLEより)

ユニの部屋は路西洞に実在する「青春ゲストハウス」で撮影された。
ここに泊まればハイライト場面が撮影された陵が一望できる

人旅が好きな人に「こんな旅ができたら」と思わせる要素がすべて入っている。

旅先で歩き回って疲れたときに出合う、居心地のよいカフェは一服のオアシスだ。韓国を旅する人の多くは、ユニのような主人にお茶でもてなされたり、ヒョンのような客と相席になったりしたいと思うだろう。

ユニのような主人がいるかどうかはともかく、ヒョンが茶を飲んだような店は実際にある。韓国では伝統茶チプと呼ばれる韓式カフェだ。ソウルならかつての骨董街・仁寺洞辺りに多い。日本人にもよく知られている水正果や雙和茶、柚子茶などの韓方茶（漢方茶）や、ヒョンが飲んでいた黄茶や普洱茶をなどが飲める。

劇中の伝統茶チプ場面は、慶州市の路東洞《ノドンドン》にある「アリソル」と「陵浦《ヌンポ》茶院《タウォン》」の二カ所で撮影された。残念ながら前者は廃業してしまったが、後者は今も営業していて、女性スタッフが目の前でお茶を煎れてくれる。

劇中、ヒョンはユニとの出会いをきっかけに多くの地元民と接する。

ユニとの関わりにはかなり艶っぽさがあったが、それ以外の人々とはしっくりこないことが多く、観ていて気まずかったり、失笑してしまったりする場面が少なくなかった。

再会した元カノに泣かれたり、地元の大学教授（ペク・ヒョンジン）にからまれたり、刑事（キム・テフン／キム・テウの実弟）に疑われたり、古墳の警備員に怒られたり、据え膳を食わなかったりと、ちぐはぐな一夜を過ごした。

韓国語がよほど上手でない限り、日本からの旅行者がヒョンのような目に遭うことはないが、日本人ほど個人主義が発達していない韓国人の目には、一人旅している日本人が寂しそうに映るため、あれこれ世話を焼かれがちだ。それが日本人には旅のよい思い出になることが少なくない。

とくに酒の席では照れがなくなるせいか、アニョハセヨ（こんにちは）やマシッソヨ（おいしいです）などのカタコトのあいさつをきっかけに、店の主人や隣席の酔客と意気投合することはよくある。

終盤のヒョンは、北京に残してきた妻が恋しくなっているようにも、さまざまな出会いのあった慶州の街を去りがたい気持ちになっているようにも見える。

街のあちこちに大小の古墳がある慶州には、旅人を引き寄せる不思議な魅力がある。映画のハイライトシーンが撮影されたゲストハウスの窓から見える乳房のような陵線は、なんともせつなく、愛おしい。これは高校の修学旅行で慶州を訪れたときにはなかった感覚だ。

幽体離脱とでもいうのだろうか。私は母親が50代で亡くなったとき、体から意識が分離するような感覚を得たことがある。当時のことをふりかえると、そうすることで苦痛から逃れようとしたのではないかと思う。

「入ってもいいですか？」

古墳にそう語りかけたユニには、当分癒えそうにない傷がある。

「おまえは思い出の中で生きているんだな」

と、俗物の権化のような先輩にからかわれながら慶州に引き寄せられ、見るはずのないものを見たヒョン。自らの仕事に意味を見いだせない彼にも大きな苦悩がある。

慶州が二人の苦痛を和らげたかどうかはわからないが、どうやらこの街は浄土の近く、今生の執着から離れたところにあるようだ。

# ひと夏のファンタジア

## 海の向こうの市井の人々と出会う喜び

### 日々の暮らしを観る。それが旅

公開：2015年
原題：한여름의 판타지아
監督：チャン・ゴンジェ
出演：キム・セビョク、岩瀬亮、イム・ヒョングク、康すおん
物語：奈良県五條市を訪れた韓国人女性と地元の人々とのふれあい

映画の見方というのは人ぞれぞれだと思うが、映画観賞は旅をすることに近いと思っている私は、作り物感のないドキュメンタリータッチの映画が好きだ。真っ暗な劇場の中で登場人物に自分を投影させる一時間半は、実際の旅に負けないほど有意義だ。

私は日本から韓国に来た人をソウルの路地裏や大衆酒場に案内したり、日本の人たちに韓国の田舎町の魅力を伝えたりする仕事をしている。

私が着目した韓国の風物が本当に日本の人たちの琴線に触れているのかどうかは正直よ

くわからないが、自分がいいと思うものを信じて伝え続けるしかない。

いいものとは世界遺産や美味しい食べものだけではない。

旅の喜びとは結局、どこの国に行っても、人々の暮らしは同じだということが確認できる場面や、市井の人々の喜怒哀楽と直面する場面に居合わせることだ。

旅をすればするほどその思いは強くなる。

「なんだろう。この映画……」

『ひと夏のファンタジア』を観始めてしばらくはこんな気持ちが続いたが、第1章の「喫茶　樹里」のお姉さんと、カメラを向けられて少し高揚したような感じの男性常連客、そして、篠原のおばあちゃんが出てきたあたりから、韓国から来た旅人ミジョン（キム・セビョク）と私は一体となっていった。

「（故郷は）どっこも好きも嫌いもないけど、生まれたとこやからしかたない。友達はみんな外に出て行ったけど、私は何の因果かここに住まわせてもろてるから、ここがいちばん最高です。みんなが健康で、なんにも悪いことせんようにしてほしいです」

（篠原のおばあちゃん）

映画監督テフン（イム・ヒョングク）と助手兼通訳のミジョン（キム・セビョク）は市井の人々にインタビューする。
五條市大塔町篠原に住むおばあちゃん（写真）もその一人

そう、こんな言葉が聞きたくて旅をしているのだ。

この映画を観た韓国人の多くが、奈良県五條市のような日本の名もなき田舎町を旅してみたくなったはずだ。特に韓国女性は、第2章に出てくる柿農家の友助（岩瀬亮）のような率直な青年と出会いたくなっただろう。私の日本の友人たち（40代後半以上）の多くが、かつて『旅人は休まない』のチェ看護婦（イ・ボヒ）や、『カンウォンドのチカラ』の女子大生ジスク（オ・ユノン）のような女性に会いたくて韓国の田舎を歩いたように。

残念ながらまだ五條訪問は果たせていないが、東京出張のとき読者さんからいただいた五條土産で、ひと足早く彼の地の香りと味を楽しむ機会があった。名物、柿の葉すしである。それは塩でしめた鯖の切り身を酢飯にのせ柿の葉で巻いたもので、関東の知人は関西出張の帰りの新幹線で辛口の白ワインとともに食べるのが最高だと話していた。

このような発酵料理は韓国にも多いのだが、ひと口つまんで驚いた。柿の葉のすがすがしい香りが、わずかに発酵した鯖の身とごはんに移り、日本の食べものらしく、淡いが、しっかりした旨味のかたまりとなっている。醤油をつけないのが本来の食べ方というのもよくわかる。

この食べ物のことがもっと知りたくなって製造元のサイトにアクセスしてみた。

左から第1章で韓国から来た映画監督を演じたイム・ヒョングク、助監督役のキム・セピョク、五條市観光課職員役の岩瀬亮

※『ひと夏のファンタジア』DVD：4,180円(税込)　発売：ニチホランド
販売：TCエンタテインメント　©Nara International Film Festival+MOCUSHURA

現在のような物流網や冷蔵設備のない時代、川を遡って運ばれてくる海産物や塩は海から遠く離れた山里の人々にとって大変貴重であり、薄くすいた塩鯖をにぎり飯に添え、裏山の柿の葉で包んで重石をきかせた柿の葉すしは夏祭りのご馳走として地域の集まりや家族の食卓には欠かすことのできない行事食でした。

（柿の葉すし本舗たなか　ホームページより）

私のような外国人にも理解しやすい楽しい文章だ。「川を遡って運ばれてくる海産物や塩」とか「夏祭りのご馳走」など、その土地の空気を吸いながら食べてみたくなる惹句が織り込まれている。旅をしてきた鯖や塩が、友助のような働き者が育てた柿の葉に包まれ、太鼓や笛の音が鳴り響く山里でみんなの口に入る。

ロードムービーのような場面が浮かんできて高揚してくる。いつかは五條で柿の葉すしを食べなければならないだろう。

右から2人目が篠原の住民役の康すおん。康すおんは、山下敦弘監督の『リアリズムの宿』(2004年)の、ぼんちゃん役も印象的だった

右端が五條市観光課職員役の岩瀬亮

# 2章

# 躁鬱と清濁の舞台、ソウル

往十里
自由夫人
チルスとマンス
ワンドゥギ
逃げた女
嘆きのピエタ
チャンシルさんには福が多いね

# 往十里

## 70年代の往十里エレジー

### 往十里、今昔物語

「お客さん、どちらへ？」

「往十里《ワンシムニ》へ」

14年ぶりに日本から帰国し、金浦空港に着いた主人公ジュンテ（シン・ソンイル）の職業は不明だ。やさ男なので殺し屋には見えないが、彼の仲間らしき日本人の風貌を見る限り堅気ではなさそうだ。

ジュンテがタクシーで向かっているのは東大門市場から東へ3、4キロ行ったところに

公開：1976年
原題：왕십리
監督：イム・グォンテク
出演：シン・ソンイル、チェ・ブラム、キム・ヨンエ、チョン・ヨンソン、ペク・イルソプ
物語：財産分与でもめる実家を飛び出し、日本に移住していた男が、14年ぶりに故郷ソウルに帰ってくる

写真提供：韓国映像資料院

ある往十里、彼の故郷だ。車窓にソウル中心部のビル街が広がるが、彼の記憶の中の電車や路面電車が見当たらない。もうなくなって十年になると運転手が言う。

このあとのオープニングは、ジュンテがソウルにいたころの回想シーンだ。相合傘で歩くかつての恋人ジョンヒに扮するのはキム・ヨンエ。ソン・ガンホがノ・ムヒョンを演じた『弁護人』のクッパ屋の女将役の女優だ。

東大門から往十里、トゥクソムからクァンナルまで14駅を走った気動車は1961年になくなり、日本植民地時代からソウル中心部を走っていた路面電車は1968年になくなった。路面電車はトゥクソムや私の地元である千戸洞《チョノドン》付近にあったクァンナル遊園地などに遊びに行く客だけでなく、野菜や燃料、砂利なども運んだ。

この映画が撮られたのは70年代半ばだから、私が小学校に上がった頃なのだが、地元千戸洞と東大門市場の中間くらいに本当にこんな街があったのかと思うほど、往十里の町並みは異質だ。コンクリートの建物は「辛い」と表現されるソウルの寒さで芯まで冷え切っているように見える。まるで昔の映画に出てくる冬のロシアの街並みのようだ。

往十里は朝鮮王朝時代、ソウルではなかった。東西南北四大門を結ぶ城壁に囲まれた漢陽・漢城（今のソウル）に納める大根、白菜、セリ（ミナリ）などの野菜を栽培する農地だったのだ。日本植民地時代から人気があったソウルの名物料理ソルロタンに添えられるカクトゥギ（大根キムチ）は、往十里で獲れたものが多かったという。

70年代の往十里の姿はソウルの内側と外側の格差を残酷なくらい鮮明にしていた。しかし、この町を愛するジュンテやチェ・ブラム扮するアジョシ（ビリヤード屋の雇われ主人）は、それぞれの影を引きずりながらも生き生きと描かれている。

ジュンテと14年ぶりに再会した往十里の仲間たちは、中華屋で酒を飲みながら、

「いくらネクタイを締めても、オレたちは往十里の糞蝿さ」

「風呂に入ろうが、散髪をしようが、糞蝿は糞蝿さ」

と自分たちを蔑んでいるようでいて、楽しくてしかたない様子だ。アジョシはジュンテの口に酒器を押し付けて一気飲みさせ、雄叫びを上げる。

「よ〜し、それでこそ糞蝿だ！」

糞蝿とはずいぶんな愛称だが、これは往十里が農地だったことと関係がある。前述した路面電車は人を運ぶだけでなく、城壁の内側の東大門にあった大規模な肥溜めから、肥しとなる人糞を往十里やその南のトゥクソムの畑に運んでいた。その路面電車にたかる蝿を糞蝿（トンパリ）と呼んだのだ。

炭鉱のように真っ黒な貯炭場を歩きながら、ビリヤード屋のアジョシがジュンテに言う。

「往十里で変わらないのはオレと黒い練炭の山だけだ。あの辺りは畑だったのに今は家がぎっしり建っている。地価が上がってみんな成金さ。肥やしの匂いの代わりに、今じゃ練炭ガスの匂いがしてる。この街は本当に変わっちまったんだ」

70年代の往十里には金型、螺鈿、縫製などの町工場や石炭工場、材木屋が建ち並んでいた。当時、石炭鉱山から列車で運ばれた石炭は往十里に集められ、近隣の工場で練炭に生まれ変わった。工場周辺は石炭の粉塵で家も街も黒ずんでいたという。

ソウルでは88オリンピックの頃まで、ほとんどの家庭で暖房用に練炭を使っていた。90年代に入り石炭の使用量が激減すると、往十里は変わっていった。2021年の往十里には地下鉄2号線と5号線をはじめ4路線が通り、韓国最大のシネコンプレックスの入った駅ビルが建つスタイリッシュな街に変貌している。

今の往十里を歩いていると、本作のカメラが捉えた黒ずんだ街が懐かしくなる。

## 二日酔いの朝、酔い覚まし汁の店でマッコリを一杯

再会を祝して楽しく飲んだ翌朝、ジュンテとアジョシはヘジャンクッ（酔い覚まし汁）

の店に来た。

「ソンジを多めに頼むよ」

女将が湯気の立つ大きな釜から汁をすくってご飯にかける。二人は迎え酒のマッコリを飲みながらヘジャンクッの登場を待っている。

じつはこんな雰囲気の店が、往十里一帯の再開発で撤去されるまで、清渓川の南側に一軒残っていた。

その名も「大衆屋」。ソンジ（牛の血の煮凝り）と野菜がたっぷり入ったヘジャンクッも旨かったが、70年代で時を止めたような色あせた韓屋が味わい深かった。

今は見ることのできない「大衆屋」だが、2011年に公開された映画『痛み』（クァク・キョンテク）で現役時代の姿を見せてくれている。開始25分を過ぎたあたりで、クォン・サンウとマ・ドンソクがヘジャンクッをすする店がそれだ。「大衆屋」は2011年に撤去されたので、その直前に撮影されたことになる。

労働者の町で、庶民の町でもあった往十里は昔からヘジャンクッ屋が多かった。近くの馬場洞に牛や豚の解体場があったため、正肉以外の内臓などが入手しやすかったせいだ。コプチャンクイ（豚もつ焼き）の店名に、よく「往十里」の文字が冠されているのも同じ

2011年まで清渓川の
脇に実在したヘジャ
ンクッの店「大衆屋」
(2010年撮影)

大釜で大量のスープを
煮る「大衆屋」の厨房

理由である。

## ジュンテとジョンヒが歩いた石橋

本作のオープニングは、テーマ曲「黒い影」をバックに70年代の往十里の風景を見せてくれる。今の駅舎とはまったく違う瀟洒な往十里駅舎、山の中腹にある漢陽大学の全景。ジュンテが右手に傘を持ち、左手でジョンヒの肩を抱きながら佇んでいるのは、サルコチダリという石橋だ。信じがたいことだが、この橋は今もそのまま残されている。

清渓川と中浪川《チュンランチョン》が合流して漢江に流れ込む2キロほど手前にあるサルコチダリは、漢陽大学の敷地と聖水洞をつないでいる。朝鮮王朝時代、漢江に架かっていた橋のなかでもっとも長く、交通の要衝だった。今は川風を受けながら散歩するコースとして人気がある。この石橋の200メートル西側には、日本植民地代に建てられた城東橋がある。オープニングではサルコチダリに立つジュンテの背に、高さの違う城東橋を見ることができる。

「久しぶりに故郷に帰ってきた奴を一人で寝かせられるか！」

アジョシは70年代的な心遣いで、ジュンテのホテルの部屋に接待嬢のユネ（チョン・ヨンソン）を差し向ける。

ホテルは5階建て。銭湯を兼ねた下町の中級ホテルといったところだろうか。この３０２号室がなんともいえない味がある。ベッドはセミダブルくらい。壁紙はベージュだ。掛け布団はベージュ、ときには水色。光が透けると枯れた黄色に見えるランプシェード。窓の外は雪。HOTEL と書かれたネオン看板が部屋を赤く照らす。このタイプの洋室は90年代初頭まであったはずだ。ジュンテが買ってきたのか、いつのまに紛れ込んだのか、チワワ風の子犬もこの部屋に似つかわしい。

夜ごと３０２号室に通ううち、仕事を忘れてジュンテに惚れてしまうユネは、彼を自宅に招き接待しようとする。カレンダーに自宅の位置を口紅で描きながら、ユネが言う。

「ここがサルコチダリだとすると、手前が城東橋。これがその橋脚です。ここから階段を下りるとレンガ造りの家があります。そこが私の家です」

城東橋のたもとは今どうなっているだろうか。カレンダーに描かれた絵地図を頼りにユネの家を探しに行ってみたくなる。

映画のラストシーンもこのサルコチダリで撮られている。日本に戻るのをやめたジュンテが、輝く夕日を背に、石橋の上を歩きながらアジョシに言う。

「オレはここに住みます。これまで虚ろな日々を過ごして来ましたが、もうここに根を下ろします。ジョンヒもユネも、みな一生懸命生きているのに、アジョシとオレだけが何も変わることなく浮浪雲のように漂っていたんです。もうオレたちも根を下ろして生きましょう」

アジョシは笑いながら、そして泣きながらうなずく。

原作小説ではジュンテは死ぬことになっているが、映画のエンディングはちょっとくすぐったいくらい希望に満ちている。退廃、悲観、敗北などの要素のある作品に対する厳しい検閲を意識したせいなのかと思ったが、ＤＶＤのイム・グォンテク監督のコメンタリーを聴いて驚いた。

「左翼活動家だった父や叔父のために連座制で圧迫されたり、国策映画のようなものを撮らされて苦労したり、韓国につくづく嫌気がさしていた頃でした。しかも、映画祭のために台湾に行ったとき、世界最貧国だった国から来た人間に誰も関心をもっていないことを知ってしまってね。何もかも嫌になって、このまま台湾に亡命しようかと思ったくらいでした。植民地時代の共通語である日本語でなんとか意思の疎通はできるしね。ところが、あれこれ考えているうちに、こんなふうに自分の国を捨ててしまっていいものか？　しっかり向き合って生きていかねばならないのでは？　そう思うようになったんです。これは大きな転換でした。そんな気持ちで撮った最初の作品が『往十里』です」

　この映画はじつは監督自身の心情の発露だったのだ。監督は往十里という街についてもコメントしている。

「冷え切った街のように見えるけれど、人が暮らすところである以上、情もあるし、叙情的な面もある。ここが私たちの住むべき街、たいせつにしなければならない街。そんな気持ちを映画に込めました」

　監督の気持ちが託されたジュンテには謎が多い。この物語はテレビドラマにもなっているが、そこでははっきりヤクザとして描かれていた。原作小説では14年間いたのは日本ではなく、どこかの国の軍隊の外人部隊となっている。

　ジュンテを演じた韓国を代表する二枚目俳優シン・ソンイルは２０１８年11月、81歳で亡くなった。

# 自由夫人

## 1950年代の元祖よろめきドラマ

公開：1956年
原題：자유부인
監督：ハン・ヒョンモ
出演：キム・ジョンニム、パク・アム、ノ・ギョンヒ、チュ・ソンテ、キム・ドンウォン
物語：大学教授夫人がダンスホール通いし、さまざまな誘惑にさらされる

### 夫人シリーズ第一作

2000年頃だったと思うが、仁寺洞の裏通りに韓国映画のポスターを看板代わりにした焼肉屋があった。私は当時30歳を過ぎたばかりだったが、懐古的な雰囲気が好きでよく通っていた。そのポスターは1956年の映画『自由夫人』だった。

昔の韓国映画のタイトルが「○○夫人」となっていたら、程度の差はあれエロティックな作品だと思ってまちがいない。1982年の作品『愛麻夫人』はその代表だった。エマニュエル夫人の韓国版である。1990年にはもっと露骨なタイトル「チョッソ（巨乳）

写真：Everett Collection/アフロ

2000年1月に撮影した仁寺洞の焼肉店「自由夫人」。この翌月、ウォンビンと深田恭子の主演ドラマ『フレンズ』が日本で放送され、この店が登場した

夫人」まで登場した。

軍事独裁政権による検閲があったため思想的な映画は作りにくい時代。興行収入的にはハリウッド映画や香港映画依存だった時代が長く続き、お色気でヒットを狙うのは韓国映画界の常とう手段だったともいえる。

モノクロ映画『自由夫人』は「○○夫人」ものの源流といえる作品だ。1956年といえば朝鮮戦争が休戦となってまだ3年しか経っていない頃、韓国社会に吹き荒れたチュムパラム（社交ダンス熱風）がモチーフになっている。

オープニングは登場人物のイラスト画を背景に、キャストやスタッフの名前が漢字で示される。BGMはシャンソンの名曲「枯葉」だ。

当時、大学教授夫人がダンスホールに通い、浮気するという物語はすごく刺激的だった。本作には夫以外の男性との抱擁や接吻シーンまであったため、「中国共産軍50万人に匹敵する害悪」とまでいわれた。日本ではこの4年前の1952年に黒澤明監督の『生きる』で、初老の男性（志村喬）がストリップを見るシーンが描かれていたことを考えると、大きな違いだ。

本作のそうした描写を巡って、猥褻か芸術かの大論争が起きた。結果、興行的には大成功で、10万人以上を動員して同年最高のヒットとなり、その後、多くの「○○夫人」ものを生むことになった。

しかし、いやらしく感じるのは社長（チュ・ソンテ）が連呼する「最高級品」という言葉と、主人公ソニョン（キム・ジョンニム）がダンスホールデビューしたときの「CHERRY PINK AND APPLE BLOSSOM WHITE」のねちっこい生演奏くらいで、牧歌的な映画にしか見えない。それでも当時の風物をよく見せてくれる映画ではあるので、見どころを挙げていこう。

## 小川と韓式住宅

朝鮮戦争後、ソウルは廃墟だったが、この映画にはそんな傷跡はほとんど出てこない。今でこそソウルのビジネス街・繁華街は、江北と江南それぞれに存在しているが、当時は江北の光化門から南方向にのびる光化門路（今の世宗大路）周辺だけが都会だったといっていい。

教授夫人であるソニョンの家は、積善洞《チョクソンドン》と推定される韓屋（伝統家屋）の住宅街にある。善を積むという意味の積善洞といえば、今は西村といわれる景福宮駅から世宗文化会館辺りだ。今はビルと平屋の建物が集まったブロックが共存しているが、わずかに韓屋も残っている。

日本の人にも人気の観光地、北村と呼ばれる嘉会洞を歩いたことがある人なら、冒頭に出てくるソニョンの家を見て「?」と思うかもしれない。通りと韓屋の間に小川が流れており、軒を連ねる韓屋が小さな橋を渡って門をくぐる構造なのだ。川沿いの韓屋とはなんとも風流で、優雅だ。私が子供の頃はまだこんな家が残っていたのかもしれないが、今のソウルからは想像しにくい。

かつてソウルの東西南北四大門辺りには北岳山《プガクサン》と仁王山《イナンサン》から数多くの小川が流れていた。この小川が合流したのが清渓川だ。たくさんあった小川は覆蓋されていたのだ。この映画はそれを見せてくれる資料映像的な価値がある。

## ダンスホールとチュムパラム

ソニョンは家計を助けるため、外国製の化粧品、香水、ライター、バッグなどを販売する洋品店「パリ洋行」で働いている。場所は明洞だ。

明洞は日本植民地時代、明治町とよばれた一大繁華街で、日本経由の文化にふれられる空間だった。

　日本からの解放と朝鮮戦争を経ると、今度は米国文化が流入した。日本から米国へバトンが渡ったことは、映画の中にもはっきり描かれている。まず、人々の会話の中に、グッドモーニング、アベック、パートナー、プレゼント、フレンド、ノータッチ、ゲットアウトなど英語が頻出する。ダンスホールで遊んだり、喫煙したり、男性も女性も洋装が目立っている点など、明らかにアメリカの影響だ。登場人物の無邪気な物質主義、消費主義は見ていて恥ずかしくなるほど。その最たるものがダンスホールのシーンである。

　日本植民地時代は、「ソウルにダンスホールが！」という新聞記事が出るほど、踊る社交場に対する風当たりは強かった。しかし、朝鮮戦争後はソウルに多くのダンスホールができた。映画の中のダンスホールは、韓国男性が生演奏し、韓国女性ダンサーが巧みな踊りを見せ、なかなか本格的だ。女性ダンサーから田畑の匂いがするのはご愛敬。前述した日本映画『生きる』にも似たようなダンスホールのシーンがあった。

　チュムパラムはダンスホールの隆盛とともに生まれた言葉だ。比較的裕福な家の主婦がダンスホールにハマり、家庭内はもちろん、社会的にも問題になった。純粋にダンスを楽しむために通っていた者もいたのだろうが、見知らぬ男性と体を密着させて踊り、よからぬ関係に発展する者もいた。主婦が夫以外の男と接吻までしたこの映画は、ダンスに対する否定的な見方を助長したともいえる。

70年代に入るとダンスホールの代わりにキャバレーが繁盛した。男女の社交場だったダンスホールをより男性向きにしたのがキャバレーである。鍾路3街の楽園洞のキャバレーはとくに有名だった。今、この辺りに楽器店があるのは、その頃の名残りだ。当時のキャバレーにはマッコリとピンデトックがメニューにあったという。映画の中のダンスホールと比べるとかなり大衆的な遊び場だったことがわかる。

## 50年代の鍾路や乙支路を歩く

茶房（喫茶店）、洋品店、デパート、ホテルなど、映画の登場人物たちは、欧米化された空間をおおらかに楽しんでいる。

私が注目したのはソニョンの友人たちの同窓会が開かれた高級中華料理店「雅叙園」だ。50〜60年代の韓国映画によく登場する雅叙園とは、どんなところだったのだろう。

この映画に出てくる雅叙園は1936年に建てられた店舗で、のちに4階建てに増築されている。植民地時代は出入りする芸者（妓生）が百名を超えるほど繁盛し、日本や韓国

現在、景福宮駅7番出口の西側に残っている韓屋の多くが、カフェや食堂になっている

2011年に閉鎖された富川ファンタジックスタジオ（京畿道）には、かつての鍾路1街交差点を再現したセットがあった。手前が新新百貨店と鍾路の大通りで、和信百貨店前を横切っているのが南大門路

の高官がお得意様だったという。日が暮れる頃、雅叙園に向かう妓生を乗せた人力車がこの店に集まり、大いににぎわったそうだ。日本の政治家や富裕層、そしてヤクザも頻繁に出入りした。

９００人も収容できた雅叙園は１９７０年にロッテに買収され、今その場所にはロッテホテルが建っている。ソウルではいまだに雅叙園という看板を上げた中華料理店を見かけるが、往年の雅叙園にあやかったものだろう。

ソニョンが友達と一緒に行った商店街も西洋的に洗練されていた。そこは、鍾路2街に１９５５年に建てられた新新百貨店辺りだった。現在、ＳＣ第一銀行本店ビルが建っている場所である。その裏手にはピンデトックの老舗「列車チプ」があるので、知っている人も多いだろう。

新新百貨店は2階建てだったので、今でいうショッピングモールといったほうがイメージしやすい。その東向こうには、１９３７年に建てられた和信百貨店（今の鍾路タワー）があった。もし、この二つの百貨店の建物が三越（今の新世界百貨店）のように現存していたら、この辺りの雰囲気は今どきの新懐古趣味の若者たちの羨望の的だったろう。

よく歩いている地域の60年前の姿を鮮明に見せてくれただけで、この映画は貴重だった。

本作のタイトルに冠された「自由」は、かつての朝鮮半島では国家や家庭を顧みない利己主義の発露として忌み嫌われた言葉だ。ソニョンは誘惑に負けて自らの欲望を解き放とうとしたが、結局果たせなかった。

雪降る夜、ソニョンは韓屋の前の小さな橋を渡って家に戻る。そして涙ながらに夫に許しを乞う。50年代の自由夫人はこれが限界だったのだ。再び「枯葉」が流れ、映画は幕となる。

そういえば登場人物の誰かが「枯葉」を歌う映画があったことを思い出した。ホン・サンス監督の『気まぐれな唇』（２００２年）だ。

ダンサー役のイェ・ジウォンがこれをフランス語で歌って彼氏の後輩（キム・サンギョン）をあからさまに挑発する場面だった。その後のことは推して知るべし。46年後の自由夫人の奔放さをのびのびと描いた映画である。

# チルスとマンス

## 『鯨とり』と並ぶアン・ソンギ30代の名演技

公開：1988年
原題：칠수와 만수
監督：パク・クァンス
出演：アン・ソンギ、パク・チュンフン、ペ・ジョンオク、チャン・ヒョク、キム・エラ

物語：ビル屋上の広告看板を描いていた2人が酒を飲んで大声を出していたら抗議行動と誤解され……

### 三つの名場面

1988年といえば、韓国は「漢江の奇跡」と呼ばれた経済成長の真っ只中で、秋にはソウルオリンピックが開かれた。前年に盧泰愚大統領による民主化宣言があり、お祭りムードではあったが、その直後にこんな映画が公開されていた。

私は当時21歳で大学生活を謳歌していたので、このような社会派映画は視野に入ってこなかった。初めて観たのは日本留学中で、それも日本人に勧められてのことだったと記憶している。

写真提供：韓国映像資料院

世の中も映画もまだ重苦しかったが、少しずつ差し込んできた希望の光を象徴していたのが、この映画で偽美大生チルスを演じたパク・チュンフン（当時20代前半）だ。しかし、彼が顔面アクション俳優とでもいうべきコミカルな本領を発揮できるようになったのは、その2、3年後である。

日本の韓国映画ファンは、本作を初めて見たとき、堅物の看板絵描きマンス（アン・ソンギ）とお調子者のチルスが、ラストまで貧しくも美しい人情劇を見せてくれると思ったようだが、そうは問屋が卸さなかった。

チルスとマンスのバックグラウンドは映画の中盤に明らかになる。チルスは東豆川《トンドゥチョン》の米軍基地近くの貧しい家の息子で、父親は売春宿で働いていた。チルスはアメリカに出稼ぎに行った姉の招請を待っているが、叶いそうにない。マンスは北朝鮮支持の左翼活動で長期服役中の父のために旅券も取得できない状態だった。

どう見てもハッピーエンドが期待できる映画ではないのだが、この映画には本筋とは直接関係のないすばらしい場面が3つある。

ひとつ目は、映画館の看板描きをクビになったチルスが、先輩格だったマンスの家に居候するきっかけとなった玉水洞《オクスドン》のポジャンマチャ（屋台）の場面。

玉水洞はソウル旧市街中心部から地下鉄3号線で漢江を渡る手前の川沿いの町だ。当時は北側の斜面がタルトンネ（山の斜面に形成された庶民の生活圏）だったので、マンスが住む場所としては説得力がある。

二人はまだ日の高いうちから玉水洞の屋台でソジュを飲み始める。背景のテントは黄色、オレンジ、緑、青。今でこそ屋台はオレンジや赤が主流だが、かつてはこんなカラフルなものもあったのだ。

兵役時代の自慢話をするチルスにマンスが釘をさす。

「おまえ、通いの義兵だっただろ？」

図星なので笑ってごまかしながらチルスが返す。

「『出来のよい義兵一人は、十人の空挺部隊に勝る』って言うじゃないですか」

これは、「出来のよい娘は十人の息子に勝る」の洒落である。

マンスの目の前にある緑に霜降り模様の器には韓国ではオデンと呼ばれる練り物とスープが入っているはずだ。この器はかつて屋台や大衆食堂でよく見かけた。あれから30年。今ではレトロ感を演出する小道具として復活している。

テントの外が暗くなってきた。

ソウル江南の高速ターミナル近くに今も残るチョンロク会館のビル。
チルスとマンスの籠城シーンはここで撮影された

現在の韓国の屋台。2000年前後、屋台の飲み屋は外国人など観光客向けの安くない店が多かったが、この10年ほどで再び韓国庶民のもとに戻ってきた

「両親は健在なのか？」

マンスの問いに口ごもるチルス。

「兄貴のお父さんは何やってるの？」

話題を変えるマンス。

「おまえ、本当にブランコ（ビルの外壁塗装などに使うロープ付きの板）乗れるんだな？」

屋台を出た二人をカメラは高架路の上から捉える。右手にカラフルな屋台。二人は何ごとか吟じながら左方向に歩く。尾を引く長い影。画面中央に二人を遮るように高架路の暗い柱が写り込み、二人の姿が飲み込まれる。映画のカメラ技法の知識などなくても、これが2人の今後を暗示していると思うだろう。

二つ目は、チルスとマンスが自転車に乗って玉水洞の自宅を出て南山を上り下りしながら明洞の現場に向かうシーン。バックに当時の人気歌手キム・スチョルの歌「ムオシ　ビヨネンナ（何が変ったのか）」が流れている。二人が自転車をこがずに右から左へと下っていく辺りは、南山の循環道路だろう。この通りの向こう側は南山の南側斜面のタルトンネだ。そこには解放村と呼ばれる戦争避難民の居住区がある。解放村は今も現役だが、ここ数年、懐古趣味を満足させるエリアとして注目され、おしゃれなカフェやルーフトップ・

バーができている。

そして、三つ目は、江南のビルの屋上看板を描く仕事の最中、意中の娘にふられて落ち込んでいるチルスを慰めようと、看板で酒盛りを始める場面だ。

「嘘ばかりついてごめん。オレは本当につまらない男なんだ」

うなだれるチルスに言葉を返す代わりに、マンスはビルの下にうごめく有象無象に向かって、思いの丈をぶつける。

この場面で思い出すのは、本作の四年前に撮られた『鯨とり　コレサニャン』だ。同じアン・ソンギ扮するインテリ乞食ミヌは、青臭い大学生ビョンテ（キム・スチョル）とともに、おぼこ娘チュンジャ（イ・ミスク）を故郷に送り届ける旅をしていたが、足も金もなくなり絶望の淵に立たされた。その瞬間、ミヌは山の向こうにまで響けとばかりに大声で乞食節を歌い、滑稽に舞い始める。

80年代、まだ30代だったアン・ソンギ、一世一代の名演技である。

# ワンドゥギ

## 匂い立つ韓国庶民の生活感

### タルトンネ、多世帯住宅、オクタッパン、シュポ

公開：2011年
原題：완득이
監督：イ・ハン
出演：ユ・アイン、キム・ユンソク、パク・スヨン、キム・サンホ、パク・ヒョジュ
物語：タルトンネに住む無気力な高校生と型破りな担任教師。その周辺の人々の喜怒哀楽

我が国の映画を楽しむ要素として、生活感のある町並みや庶民の息吹が感じられる大衆酒場の描写は欠かせない。

こうした被写体はここ十年でずいぶん少なくなっている。特に昔ながらの大衆酒場は女将の高齢化や家賃の値上げで多くが廃業した。コロナ以降、それに拍車がかかっている。貫禄のある女将が切り盛りする積年の感じられる店こそ少なくなったが、それに近い雰囲気の業態がある。私が足しげく通っている「シュポ」と呼ばれる店だ。シュポとはスー

写真提供：韓国映像資料院

パーマーケットのスーパーの韓国的発音。つまり、個人経営の小さな食料雑貨店のことだ。

日本に酒屋の店先で飲む角打ちがあるように、韓国にはシュポがある。なぜシュポで酒が飲めるのかというと、昼間、タバコやコーヒーなどを買っていた常連客が仕事終わりに自然と酒を買って飲むようになり、座って飲める席を店側が用意し、簡単なつまみを作って出すようになった。それが常態化したのである。日本の角打ちは立ち飲みが基本だが、韓国のシュポにはテーブルがあるのが普通だ。

シュポの魅力は安く飲めること。ソウル市内では、ちゃんとした飲食店だとビールやソジュ、マッコリが1本4000ウォンくらいするが、シュポならそれより1000~1500ウォン安く飲める。つまみは店主が簡単に調理するものを頼んでもいいし、シュポで売られているスナック菓子や缶詰を買って食べてもいい。そのあたりは日本の角打ちと同じだ。日本の「せんべろ」のように、1人10000ウォンもあれば十分に楽しめる。

前置きが長くなったが、『ワンドゥギ』は韓国庶民の生活感を伝える要素がすべて揃っている映画だ。

主人公ワンドゥク（ユ・アイン）は、肉体は健康だが無気力な高校生。その担任教師ドンジュ（キム・ユンソク）は反権力志向が強く、周囲との摩擦が多い。ワンドゥクの父はキャバレーや五日市で歌い踊る旅芸人で、障害のため身体が小さい。

ワンドゥクもドンジュもタルトンネの多世帯住宅に住んでいる。いや、正確には、多世帯住宅の屋上にあるオクタッパン（屋上家屋）と呼ばれる物置小屋のような家に住んでいる。

タルトンネは直訳すると月の町。朝鮮戦争のとき半島南部に避難してきた人たちや、休戦後、平地に住まいをもてなかった人たちが、市街から離れた山の斜面にバラック小屋を建てて住んだ。月に近い場所なのでタルトンネというわけだ。家と家の間の路地は人一人通るのがやっと。家賃や地価は安いが、交通の便は悪く、インフラの整備は著しく遅れている。

多世帯住宅は、4階以下で660平方メートル以下の共同住宅のこと。レンガ造りが多く、2～3階建てに2～3世帯が住む。

オクタッパンは漢字で書くと屋塔房。屋上を庭のように使えるので優雅に見えるが、夏は暑く、冬は寒い。その代わり家賃は安い。下に半地下があれば、上にオクタッパンあり。どちらも韓国庶民の住み家だ。

半地下住宅は、『パラサイト　半地下の家族』で有名になったが、オクタッパンはそれ以前から映画にたびたび登場している。ホン・サンス監督の『豚が井戸に落ちた日』、イム・

サンス監督の『ディナーの後に』、チャ・テヒョン主演の『覆面ダルホ　演歌の花道』など、枚挙にいとまがない。

ＤＶＤのインタビューで「シナリオのイメージに合った撮影地探しには大変苦労した」とイ・ハン監督は語っていたが、結局、仁川市新興洞《シンフンドン》のタルトンネが選ばれた。

## 屈指の酒場名シーン

名脇役パク・スヨン扮するワンドゥク父の路上駐車をめぐって、ワンドゥクとドンジュ、近所の画家（キム・サンホ）とその妹で武侠小説家のホジョン（パク・ヒョジュ）らが言い争う。舞台は粗いコンクリート舗装の急坂。タルトンネらしい風景だ。韓国のメインストリームから遠いところにいる者たちが右往左往する哀しくも美しい場面は、ワンドゥクの右フック一発で決着する。

そして、この映画の白眉は、タルトンネにあるシュポでドンジュとワンドゥク父がマッコリを飲むシーンだ。

画面右手に店内のアイスボックスや生卵が見える。中央には軒先にしつらえられた簡易テーブルとビニールの風よけ。左手は薄暗い坂道で、誰かがそこを登って行く。

テーブルの上にはマッコリの空き瓶が2本半。開封前のマッコリが1本。酒器はステンレスの椀。つまみはプチトマトとポテトチップ、裂きイカらしきもの。缶詰はポンテギ（蚕のさなぎの蒸し煮）だろうか。

身体的ハンデのために息子にまで迷惑をかけてしまうと嘆くワンドゥクの父を、ドンジュが慰める場面だ。そこに先日、路駐問題でもめた武侠小説家のホジョンが現れる。先の一件があるため、迎える二人はどこかぎこちないのだが、シュポで買ったマッコリ2本を手にした彼女の第一声が雰囲気を変えた。

밤 공기가 참 좋죠 술 한 잔 하기

直訳すると、「夜の空気がすごくいいわね。お酒飲むのに」なのだが、ここは次のように意訳したい。

「夜風が飲めと言ってるのよ」

彼女はすでに酔っていたようだが、酒が足りなくなったのか、人恋しくなったのか、ふらっと家を出てきた気配だ。

話題が武侠小説に変わり、酒席は鬱から躁に転ずる。

ホジョン「ペンネームは月虹《ウォルホン》です」

左から、ワンドゥク父の弟子(キム・ヨンジェ)、ワンドゥク(ユ・アイン)、父(パク・スヨン)、ドンジュ（キム・ユンソク）



写真提供：ツイン

ソウルの中心部にあるシュポ。春から秋にかけては、『ワンドゥギ』のように店の外で飲む人が多い

ドンジュ「月虹……。地方の伝統酒の名前みたいだな」

ワンドゥク父の身世打令（嘆き節）もしんみりしてよかったが、庶民の酒席にはやはり他愛もない話が似合う。

ワンドゥク父が武術家の真似をしておどけているところに息子が現れ、酔った父親をおぶってタルトンネの坂を登る。父親はご機嫌だ。

「ワンドゥク、我が子よ～。おまえは最高だ～」

シュポではたがいを異性として意識し始めたドンジュとホジョン、二人だけになる。リラックスした様子のホジョンの後ろでは、ティッシュ代わりのトイレットペーパーが風に揺れている。

韓国映画でも屈指のマッコリ名場面であり、酒場名場面である。そして、タルトンネの名場面だ。

私は今でもタルトンネに来ると、こんなシュポを探してしまう。

# 逃げた女

## 北村の風景

### キム・ミニと三清洞

『逃げた女』はホン・サンス監督の24番目の作品であり、キム・ミニが出演する7本目の作品である。

毎度のことだが、主人公ガミ（キム・ミニ）が何から逃げてきたのか推理したり、映画の構造を分析したりする気はない。それをしてしまうとホン・サンスの映画を楽しむことができないからだ。

ホン・サンス監督が新作を撮ったと聞くと、まず気になるのが、今回はどこで撮ったの

公開：2020年
原題：도망친 여자
監督：ホン・サンス
出演：キム・ミニ、ソ・ヨンファ、イ・ユンミ、ソン・ソンミ、キム・セビョク、クォン・ヘヒョ
物語：夫の出張中、ガミはソウルとその周辺に住む3人の友人と会う

だろうということだ。この監督は景色をある意図のために利用しない。年老いた夫婦の背景に黄昏を持ってきたり、男と女が口づけするシーンの背景にキラキラの夜景を使ったりしないのだ。

また、いわゆる絵になる風景も観た記憶がない。それはフランスで撮影された『アバンチュールはパリで』（2008年）でも揺らがなかった。市井の人々が見ている風景を淡々とそのまま捉えるので、劇場で観てもPC画面で観ても、自分がその場所にいるような感覚を味わうことができる。

『逃げた女』は結婚後5年間、片時も離れて過ごしたことのなかった夫が出張に出ている間、妻ガミ（キム・ミニ）がどう過ごしたかが描かれている。

第一部でガミはソウル郊外にある先輩ヨンスン（ソ・ヨンファ）の家を訪ね一泊する。第二部では仁王山が見えるソウル北村にある先輩スヨン（ソン・ソンミ）の家を訪ねる。第三部は慶煕宮の北側の丘にある映画館で、かつての恋人ウジン（クォン・ヘヒョ）とその妻（キム・セビョク）と会う。

北村とはソウル旧市街（漢江の北側）を東西に流れる清渓川の北側のこと。行政上の区分では鍾路区の嘉会洞と三清洞が該当する。日本の人のためにわかりやすく言うと、仁寺

2人目の友人スヨン（ソン・ソンミ）のアパートはソウル鍾路区三清洞の高台にあった。道路名住所は鍾路区北村路11タギル41

三清洞の高台から北西方向を望む。背後は仁王山。スヨンの部屋から見える風景もこれに近い

洞の北端にある安国駅の北側一帯である。保存状態のよい伝統家屋が多いところで、たびたびガイドブックの表紙や観光ポスターのモチーフになっている。ここから青瓦台（大統領府）は目と鼻の先だ。俗っぽい言い方をすれば、北村は大変毛並みのよいところである。『パラサイト　半地下の家族』の豪邸があったのは、北村の北東2キロほどの城北洞辺りといわれている。

北村はホン・サンスの映画によく登場する。なかでも印象的なのが『次の朝は他人』（2011年）と『自由が丘で』（2014年）だ。

『次の朝は他人』は、地方都市でくすぶっている映画監督ソンジュン（ユ・ジュンサン）が上京し、北村に住む先輩（キム・サンジュン）を訪ねる話。酒を飲んだり、酒場の女主人（キム・ボギョン）と関係したり、あてもなく歩いて偶然出会う人々と空虚な会話をしたりする。モノクロ映画で季節は冬。ソンジュンの目が常に虚ろということもあるが、本作で描かれる北村は鬱々として見える。

一方、『自由が丘で』は、日本人・森（加瀬亮）が北村の韓屋ゲストハウスに泊まり、カフェでお茶を飲んだり、カフェの女主人（ムン・ソリ）と関係したり、ゲストハウス主人の甥（キム・ウィソン）と酒を飲んだり……。つまり、いつものホン・サンス作品である。森はある切実な願いがあって北村に滞在している。しかし、それはなかなか叶わない。にもかかわらず悲壮感はない。同じ北村が舞台でも森はどこか楽観的に見える。

以前何かに書いたことがあるが、北村辺りに泊まってソンジュンや森のように過ごすのも楽しそうだ。観光やショッピングなどせず、北村で暮らすように旅する。冬はソンジュンのように鬱々と、夏は森のようにノー天気に。どちらも魅力的だ。

では『逃げた女』の北村はどうだろう。第二部でガミが訪ねた先輩スヨン（ソン・ソンミ）は北村のスタイリッシュなアパートに住んでいる。傘を片手にスヨンの家に向かうガミの背景を見ると、住所は鍾路区三清洞35-97辺り。ここは高台になっていて、日本からの旅行者にも人気のカフェやレストランが連なる三清通りを見下ろす位置だ。

スヨンが言っているように、ここからは仁王山が一望できる。仁王山は風水的にソウルによい気をもたらすといわれている。朝鮮王朝時代の王宮や大統領府がこの辺りに集まっていることも、それと無縁ではないだろう。

ガミが三清洞を歩いている場面を見て思い出した。イ・ジョンジェ主演の韓日合作映画『純愛譜』（2000年）の舞台がこの辺りで、当時10代だったキム・ミニはこの映画のヒロインだったのだ。不思議な符号である。

スヨンは、アパートの近くに芸術家や作家が集まるバーがあり、自分もそこに通ってみようと思っていると言っていた。三清洞辺りでそのイメージに合う店となると、思い浮かぶのはただひとつ。ホン・サンス監督の2013年作品『ソニはご機嫌ななめ』に登場した実在のバー「文化空間アリラン」だ。スヨンの家から徒歩10分の距離にある。

この店は同作に二度登場する。最初はムンス（イ・ソンギュン）とチェハク（チョン・ジェヨン）がやや険悪な雰囲気で深酒し、二度目はチェハク（チョン・ジェヨン）とソニ（チョン・ユミ）が手を握り合ったり、頰を撫でたりしながら深酒する。そのたびに店内に「故郷」という歌が流れる。映画ではホン・サンス作品の常連イェ・ジウォンがママを演じていたが、実際のママはチェ・ウンジンさんという歌手で、じつは「故郷」は彼女が歌っている。

『逃げた女』の北村の描き方はひとことで言ってドライである。しかし、スヨンが登場する場面だけで、20年前の映画『純愛譜』を思い出したり、『ソニはご機嫌ななめ』のバーを連想したりするなど、さまざまな発見があった。ホン・サンス監督の映画にはこんな楽しみ方もあるのだ。

ガミ（キム・ミニ）がウジン（キム・セビョク）と偶然出会ったのは、鍾路区新門路にある「複合文化空間emu」。道路名住所は鍾路区慶熙宮1ガギル7

「複合文化空間emu」 1階のブックカフェ内部

# 嘆きのピエタ

## 取り立て屋カンドが歩いた路地

公開：2012年
原題：피에타
監督：キム・ギドク
出演：イ・ジョンジン、チョ・ミンス、ウ・ギボン、カン・ウンジン、クォン・セイン
物語：世運商街付近の零細工場街の取り立て屋の青年のもとに、「母」を名乗る女が訪ねてくる

### 世運商街周辺の零細工場街

この映画については内容よりも、その舞台に興味がある。

借金取り立て屋のカンド（イ・ジョンジン）が間借りしている雑居ビル、そして彼が取り立てる相手が営む零細工場は、ソウル旧市街中心部に南北約1キロに延びる住商複合ビル「世運商街《セウンサンガ》」の周辺にある。

劇中、零細工場主の一人が言う。

「16歳のときから働いているからもう50年だ。ここもいずれ撤去され、ビル街になる」

この辺りの工場が韓国の高度成長を陰で支えたのが1960年代から1980年代前半頃まで。この映画が撮影されたのが2012年。この言葉通り、2018年の暮れからこの辺りの数ブロックの撤去工事が始まり、アッという間に更地になった。そして今、高層ビルの土台作りが進んでいる。

再開発が始まると、この一帯にはニュー・レトロ（新・懐古趣味）という言葉が冠され、若者が集まるホットスポットとなった。しかし、『嘆きのピエタ』の残酷な取り立て場面を観て、撮影地巡りがしたくなる人はあまりいないだろう。見た目は映画の通り、くすんだ平屋の工場が続く灰色の世界で、カンドのような冷酷な取り立て屋が暗躍していそうに見えなくもない。

しかし、路地に点在するシュポ（小さな食料雑貨店）や食堂で工場労働者に混じって一杯飲めば、けっしてそんな暗い町ではないことがわかる。よく働き、よく飲み、よく笑う人たちの町といったほうが現実に近い。

## 零細工場街の実像

世運商街とは、ひとつのビルの名前であると同時に、世界遺産・宗廟《ジョンミョ》の前から忠武路駅まで、南北に連なる7棟（北から世運商街ビル・清渓商街ビル・大林商街ビル・三豊商街ビル・ホテルＰＪ・新星商街ビル・進陽商街ビル）の総称でもある。１９６７年の竣工だから私と同い年だ。ソウル中心部とはいえ、70〜80年代は周辺に高層建築が少なかったこともあり存在感があった。しかし、90年代以降、周辺に高層ビルが建ち始め、世運商街の個々のビルの老朽化が進むと、かなり見劣りするようになった。

世運商街は、東京でいえば秋葉原のような電気街だったのだが、80年代後半、漢江寄りの龍山という街に新たな電気街ができると、商圏として著しく衰退し始めた。

当時の成人男性なら、世運商街のビル3階のバルコニー部分を歩いているとき、目つきのよくない男に、「裏ビデオを買わないか？」と声をかけられたことがあるはずだ。遅かれ早かれこのビルは撤去されるだろう。誰もがそう思っていた。

30年後、このバルコニーがペデストリアンデッキ（高架遊歩道）として整備され、個性的なカフェやレストランができ、おしゃれした若者が闊歩するなど想像もできなかった。２０１４年3月からは、世運商街の建物を生かしつつ、商圏として活性化させるプロジェクトが始まり、２０１７年には北端の世運商街ビルとその隣りの清渓商街ビルを、清渓川をまたぐように結ぶ空中歩道橋が完成した。

いちばん北にある世運商街のビル屋上から見た清渓商街(右)。
左手の低層の建物が零細工場街(2019年撮影)

手前の零細工場街と向こうに見える乙支路1街辺りの高層ビル群のギャップ。
これがソウルの風景のおもしろさ。(2019年、世運商街の屋上から撮影)

２０２２年頃までには大林商街ビルと三豊商街ビルの間（乙支路）、ホテルＰＪと新星商街ビルの間（マルンネギル）も架橋される。これが完成すれば、宗廟前から忠武路駅まで約１キロの空中散歩が楽しめるようになる。なお、ホテルＰＪと新星商街辺りは、ソン・ガンホとカン・ドンウォン主演の『義兄弟　SECRET REUNION』の終盤にも出てくるので、様変わりする前の姿を確認してみてほしい。

世運商街ビルから空中歩道橋を歩いて清渓商街ビルに渡る。東西のバルコニーでは、ここ１～２年の間にできたカフェやレストラン、バーが異彩を放っている。ほんの数年前までは若者には見向きもされなかった場所なのに驚くべき変化だ。

## 工場街に点在する魅力的な大衆酒場

『嘆きのピエタ』の撮影地周辺の散歩を始めよう。

スタート地点は忠武路駅の北側、世運商街の南端にある進陽商街ビルだ。ここで思い出すのは豪華キャストで話題となった映画『10人の泥棒たち』。設定は釜山だったが、ビル壁面でのキム・ユンソクのワイヤーアクション場面はじつはここで撮影されている。

まず、進陽商街ビルの西側に並行する仁峴市場《イニョンシジャン》に入る。ここは幅２メートルあるかな

『嘆きのピエタ』に映っている清渓商街の東側、山林洞の工場街にある日本風家屋。1階は人気の大衆食堂。

工場街のなかに隠れるように存在するシュポ「ヒョン食品」。左は筆者。奥では常連や女将が花札の真っ最中

いかの細い道の両側に、大衆食堂や飲み屋がホテルＰＪ前まで連なっている。

市場の左側（西側）は印刷工場街。日本映画『男はつらいよ』のタコ社長が「また税務署に呼び出されちゃったよ」と嘆きながら出てきそうだ。ソウルのど真ん中に残っている町工場街に隣接する生活市場という点が懐古趣味を刺激するのか、最近は若者も集まり始めている。

１９９０年代前半、日本の知人男性（当時30代前半）はこの市場で70代夫婦が切り盛りする飲み屋に通ったことがあるそうだ。ある雨の晩、女将が一人で店番しているとき彼が訪れると、一人酒はさびしかろうと一緒にマッコリを酌み交わし、彼の手を握りながら子守歌を唄って聞かせてくれたという。

仁峴市場を抜けると、右手にホテルＰＪが見える。老朽化する他の世運商街の建物をさしおいて、ここだけリニューアルされたのが２００７年。それまではプンジョンホテルという中級ホテルだった。当時、日本から格安ツアーに参加すると、このホテルに泊まることが多かった。前述の日本の知人が１９９０年に初めてこのホテルを利用したときのこと。フロントでキーをもらって部屋に入ると、ほどよく温まったオンドル部屋の布団でサラリーマン風の男がいびきをかいて寝ていたという。

左がカンドの母を名乗る女を演じたチョ・ミョンス。右がカンド役のイ・ジョンジン。世運商街周辺の零細工場街にはこんな路地が普通にある

冷酷な取り立て屋を演じたイ・ジョンジンは、ユ・ハ監督の『マルチュク青春通り』の高校生役も印象的だった。
※『嘆きのピエタ』 DVD：2,090円（税込） 販売元：キングレコード

「男はドアが閉まる音で目を覚ますと、恥ずかしそうにミアナムニダ（ごめんなさい）と言いながら部屋から出て行ったんだ。たぶんこの雑居ビルに勤め先があり、二日酔いか何かで仕事にならず、チェックイン前で鍵のかかっていなかった部屋で休んでいたんだろう。でも、不思議といやな感じはしなかったよ」

今なら写真を撮られてSNSで晒され、騒ぎになりかねないが、30年も前のこと。日本人にも韓国人にもおおらかさがあったのだ。

## 『神の一手』や『レッド・ファミリー』の撮影地を抜けて

ホテルPJを抜けると、大通りの向こうは大林商街。この辺りはチョン・ウソン主演の『神の一手』やナ・ムニ主演の『ミス・ギャングスター』にも登場した。

横断歩道を渡って東側の脇道に入る。最初の路地を右に入ると、そこはまさに『嘆きのピエタ』のカンドが出てきそうな零細工場街だ。ソウル中心部でも、ここだけは70年代と変わっていない。今や灰色を通り越し、町全体が黒ずんでいる。

すでに大林商街西側の町工場密集地帯は再開発工事によって撤去され更地になっている。もちろんここ東側も再開発構想の対象地域だ。遅かれ早かれ別れが来ることがわかっているだけに、よけいにこの風景が愛おしい。

しかし、この黒ずんだ街には働く者たちが英気を養うオアシスがある。黒ずみ加減ではダントツ1位のシュポ「ヒョン食品」もそのひとつ。昼間は工場勤めのおじさんがジュースやタバコを買いにやってくる。ときには「ヒマだ～」と言いながら昼間からマッコリをあおる。夕方になると、目玉焼きやスナック菓子をつまみにビールや焼酎を飲む人が目立ってくる。奥の5人がけのテーブルでは、女将も加わって花札大会が開かれたりする。

この店の1本西側の路地には、「ペンマンブル食品」というシュポがある。店内左手の棚に申しわけ程度に並んでいる菓子やインスタントラーメンがなければ、普通の食堂にしか見えない。この店のある路地はキム・ギドクが脚本を書いた映画『レッド・ファミリー』にもちらっと出てくる。南に定着した北のスパイが零細工場主を偽装して潜んでいるという設定だった。自身が十代後半から工場労働を経験したせいだろうか。キム・ギドクはこの辺りをわけありの街として描かずにはいられないらしい。

## 乙支路4街駅4番出入口の東側

工場街を東に進むと、乙支路4街駅のある大通りとぶつかる。通りの向こうに4番出入口を見つけたら、その向こう側（東側）には魅力的なシュポが点在している。

90歳になった名物ハルメ（おばあちゃん）に会いたくなり、「トンイル食品」というシュポに向かう。日本から来た40代以上の旅行者の多くが、「子供の頃通った駄菓子屋そのもの」と喜ぶ外観だ。店先の冷蔵庫から飲み物を出してお金を払い、「ここで飲んでもいいでしょ？」と言って、空いている席に座る。おしゃべりではないが意外と人なつっこい女将（ハルメのお嫁さん）や常連客が相手をしてくれる。

「トンイル食品」辺りから北上すると、清渓川にぶつかる。そこの歩道を左手（西方向）に5分ほど歩くと、清渓川をまたぐ空中歩道橋が目の前を横切っている。歩道橋の左側が清渓商街、右手が世運商街だ。『嘆きのピエタ』では架橋される前のこの辺りの様子を見ることができる。ビルの中の電気街を歩いて北方向に進む。何年か前と比べ、通路が明るくなっているような気がするのはLEDのせいばかりではないだろう。

周辺の町工場の撤去と引き換えに延命が許されたといえなくもない世運商街。これからさらに私好みではないスタイリッシュな名所になっていくのだろうが、撤去されないだけたいしたものだと思わなければならないだろう。

# チャンシルさんには福が多いね

制作：2020年
原題：찬실이는 복도 많지
監督：キム・チョヒ
出演：カン・マルグム、ユン・ヨジョン、キム・ヨンミン、ユン・スンア、ペ・ユラム
物語：長年連れ添ってきた映画監督の急死で失職した女性プロデューサーが、タルトンネに引っ越してくる

## ソウルのタルトンネに住む主人公

### 身につまされる話

成長映画の主人公が10代とは限らない。この映画は、40歳の女性チャンシル（カン・マルグム）の成長物語だ。

映画はクランクイン記念の飲み会の場面から始まる。チャンシルの師匠である映画監督の急死でプロデューサーのチャンシルは突然失業者になってしまう。

「お嫁に行かなくても、ずっと映画を作って生きるつもりだったのに」

監督の死後、すべてを捧げてやってきた映画の仕事は周囲から何の意味もないかのように扱われる。気付いたら、お金も家も男もなく、子供もいない。

かくいう私も50歳を過ぎたが、一度も結婚したことがない。好事家が集まるソウルの一部の飲み屋でちやほやされることはあるが、世間の目には、年中飲み歩いて、ふらふら旅しているわけのわからない女としか映らない。チャンシルは私自身でもある。

## ないない尽くしの女が住む町

市場のおばさんよろしく荷物を入れたタライを頭にのせたチャンシルと荷物を持った後輩たちが坂道を登ってくる。

「おしまいだ。完全におしまい」

チャンシルの口からはこんな言葉と嘆息しか出ない。

「わあ、見晴らしがいい!」

引っ越し先に遊びに来た女優ソフィー(ユン・スンア)が無邪気に言う。ここは確かに高地なのだが、日本の山の手とはわけが違う。

『ワンドゥギ』の項でもふれたが、韓国では山の斜面にある住宅街をタルトンネ(月の町)と呼ぶ。ロマンチックな呼び名と思うかもしれないが、けっして豊かとはいえない人たちが住むところだ。人ひとり通るのがやっとの細道を挟んで隣り合う粗末な家屋。家賃は安いが、鉄道駅からは遠く、トイレの水圧も不安定だったりする。もともとは朝鮮戦争のとき半島南部に避難してきた人たちや、休戦後、仕事を求めて地方からソウルに来たが、平地に住まいを確保できなかった人たちが、市街から離れた山の斜面にバラック小屋を建てて住んだところである。

一人暮らしをしているポクシル（ユン・ヨジョン）の家で下宿生活を始めるチャンシル。このタルトンネはソウルの故宮・景福宮の北側にそびえる北岳山《プガクサン》の麓にある弘済洞《ホンジェドン》という町で、ケミマウル（アリの村）という通称がある。１９８０年代、アリのように地道に働く人たちの村という意味で名づけられた。

そういえば、この町に住んだ映画の主人公はチャンシルだけではない。２０１３年に大ヒットした映画『７番房の奇跡』の不遇な主人公（リュ・スンニョン）とその娘（カル・ソウォン）はこの町に住んでいるという設定だった。

無一文になったチャンシルが住む場所としてタルトンネがふさわしく、しかも制作費が潤沢ではなかったのでソウルで撮影する必要があったという。その条件にぴったり合ったのが弘済洞のケミマウルだったのだ。

## チャンシルの町を旅する

仁寺洞の北端にある安国駅から地下鉄3号線で15分。弘済駅で下車し、1番出入口から地上に出て歩道を逆方向に20メートルほど行くと、マウルバスの乗り場がある。マウルバスとはタルトンネのように道幅が狭く、急坂が多い地域を走る路線バスのこと。車両は小回りのきくマイクロバスだ。

ケミマウル行きのバスは車体に「西大門07」と書かれている。バスは弘済駅前の大通り(統一路)をすぐに右折し、仁王市場とユジン果物卸売商店街のビルの間を抜けて行く。左手に高架路を見ながら走っていたバスが大きく右に曲がると、そこからは急坂になる。2、3階建ての多世帯住宅が多いが、ところどころに年季の入った瓦屋根の家屋が見られる。釜山の甘川文化マウルや統営《トンヨン》のトンピラン壁画マウルの家々のようにカラフルではないが、同じタルトンネであることがわかる。

バスは急坂を登り続ける。弘済駅前から10分ほど走ってきただけなのに、田舎の山村に来たような錯覚に陥る。旅行者気分の私はこんなのんきなことを言っているが、この急坂を歩いて登ってきた失意のチャンシルを思うと胸が痛む。

ケミマウル（弘済洞のタルトンネ）の小さな庭のある家に住むポクシルを演じたのは、米国映画『ミナリ』でアカデミー助演女優賞を獲ったユン・ヨジョン

チャンシルが上り下りしたケミマウルの急坂。坂を下って行くのは終点でUターンしてきた「西大門07」のマウルバス

タルトンネの中央に位置する道をバスはさらに東方向に登っていく。左手の民家の塀や壁は空色に塗られ、そこにひまわりの花や動物が描かれている。劇中、この道をチャンシルが何度か登るシーンがあった。

まもなく終点の「ケミマウル」。クルマが入って行けるもっとも標高が高い場所だ。ここよりさらに高いところに行きたければ、仁王山の登山道を歩くしかない。

終点で降りると、西方向の数キロ先に高層マンション群、目の前にはポクシルやチャンシルが住むタルトンネが広がっている。ケミマウルの斜面に突き出た岩の上にも家が建っている。ポクシルの家はあの辺りだろうか。そこに至る急階段を歩く人がいる。この村は遺跡ではない。生活の場として現役である。

ここは1950年代、朝鮮戦争の避難民や、地方からソウルへ上京してきた人たちが、不便を承知で住み始めたところだ。当時はこの辺りに仮住まいする人たちのテントが無数にあったため、インディアン村と呼ばれたりした。

復路は歩いてもいいが、下り坂で膝が笑いそうだ。帰りもバスを利用するなら、終点で少し待てば次の07番バスがやってくる。ケミマウルを下り、少し行くと、バスは往路とは違う道に入る。車窓の右手には個人経営の飲食店が連なっている。東京同様、ソウルも画一的なチェーン店が目立つようになってきたが、ここではまだ創意を凝らした店ががんばっている。

左手はかつてはタルトンネだったが、2019年に更地になり、現在、「弘済駅暁星ヘリントンプレイス」という1100世帯規模の高層アパート団地の建設中だ。

07番バスはあっというまに弘済駅に着く。短い旅の余韻にひたりながら、さっき通り過ぎた仁王市場の屋台でマッコリを一杯やることにする。

そっけないが情のあるハルモニが、チャンシルを勇気づけた言葉が思い浮かぶ。

「私は今日やりたいことだけをやるの。全力でね」

人生の晩年にハングルを学び始めたハルモニが書いた詩も心に沁みる。

人も花のように再び咲くことができたら、どんなにうれしいか
お椀のマッコリを2杯ほど乾すと、映画のエンディングに流れる歌が脳内をリフレイン

し始める。

♪お金も家もないけれど　チャンシルには福がいっぱい
♪恋人も青春も去ったけど　チャンシルには福がいっぱい
♪笑っては泣き　泣いては笑う　チャンシルには福がいっぱい
♪男も子供もないけれど　チャンシルには福がいっぱい

日本のみなさんもチャンシルの部分を自分の名前に変えて歌ってみよう。

♪お金も家もないけれど　ウンスクには福がいっぱい

なんだか元気が出てきた。マッコリをもう一本頼もう。

# 3章

# 江原道の力、映画の力

カンウォンドのチカラ
昼間から呑む
ラブレター　パイランより
旅人は休まない
ラジオスター

## カンウォンドのチカラ

### 百回観ても飽きない旅行奇談

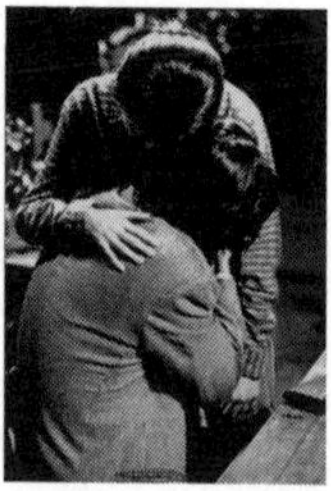

制作：1998年
原題：강원도의 힘
監督：ホン・サンス
出演：ペク・チョンハク、オ・ユノン、チョン・ジェヒョン、キム・ユソク
物語：不倫の関係だった女子大生と大学講師が、同じ日に江原道を別々に旅をする

#### 何度観てもわからない

おそらくもっとも繰り返し鑑賞した映画だ。ＤＶＤはボックスも含めると、４本所有している。うち１本は買ってから20年以上経つので、明らかに画質が劣化している。

だが、何度観てもこの映画の魅力を伝えるのは難しい。

私はできることなら３６５日旅をしていたい人間だ。人生は旅をしていない時間のほうが圧倒的に多いはずだが、また旅ができると思うから生きていける。

ホン・サンスの映画、なかでも『カンウォンドのチカラ』は旅をしているときのような高揚感、いや高揚とまではいかない。微熱をもたらしてくれる作品だ。

しかし、この映画にはアーサー・ヒラー監督の『大陸横断超特急』やダニー・ボイル監督の『ザ・ビーチ』、ペ・チャンホ監督の『鯨とり コレサニャン』のように、ハラハラしたりドキドキしたりするシーンはほぼない。

登場人物の行動や言葉に気になるところが多々あるのだが、それらがなぜ私を再視聴に駆り立てるのか、そのメカニズムはさっぱりわからない。

読者のみなさんに私と同じように感じてもらえるかどうかわからないが、本稿ではそんなシーンをピックアップしていくことにする。

## 夜汽車

映画の冒頭、主人公の女子大生ジスク（オ・ユノン）とその友達2人は夜汽車で江原道の江陵に向かっている。季節は夏。混んでいるのは週末だからだろう。ジスクは立ったまうとうとしている。友達2人は座席の後ろの隙間で床に尻を着けたまま眠っている。

韓国映画の夜汽車の名場面といえば、ペ・チャンホ監督の『神様こんにちは』（1985年）が思い浮かぶ。

ソウルから南下する夜行列車の中はギターを弾きながら歌う若者たちで和やかなムード。主人公のピョンテ（アン・ソンギ）と同行の詩人ミヌ（チョン・ムソン）は向かいの席に座った身重のチュンジャ（キム・ボヨン）と仲良くなり、楽しい時間を過ごす。イ・チャンドン監督の『グリーンフィッシュ』（1997年）もよかった。ヤクザの情婦（シム・ヘジン）と、そのヤクザの子分（ハン・ソッキュ）。90年代を代表する俳優二人が横並びに座り、ぎこちなく唇を合わせた。

日本映画では野村芳太郎監督の『張込み』（1958年）が忘れられない。真夏、二人の刑事（大木実、宮口精二）が東京から夜行の蒸気機関車に乗って佐賀に向かう。モノクロ映画だが、列車内の熱気や乗客の汗、外から吹き込んでくる風までリアルに感じられる。シャツを脱ぎランニング姿で暑さをしのごうとする刑事。乗客が停車駅で駅弁や酒を買う様子は我が国では見たことのない光景で興味深い。映画は観光案内よろしく、駅名看板を大きく映したり、車内放送を入れたりするので、東京と九州の距離感がよく伝わる。下関辺りではご丁寧に「関門海峡」のテロップが出る。私は船でしか通過したことがないが、汽車は海底トンネルを通って門司港へ向かう。

こんな場面が10分以上続くのだが、まったく飽きることがない。今でもこのシーンが見

江陵の鏡浦海水浴場でくつろぐ女子大生3人組。右がジスク(オ・ユノン)

束草の大浦湾に面した刺身屋でデートするジスクと青年(警察官)

たくてＤＶＤを引っ張り出してくるほどだ。

これらに比べ『カンウォンドのチカラ』の夜汽車のシーンは、不倫関係にあったジスクと大学講師サングォン（ペク・チョンハク）が、じつは同じ列車に乗り合わせていたことを示す役割しかなく時間も短いのだが、妙に印象に残っている。

「ピーナッツ〜　スルメ〜　ビールありま〜す」

寝ている乗客を起こすような声ではまずいが、聞こえなくては商売にならない。絶妙な声量と声質で車内販売のおじさんが通り過ぎる。男性の車内販売は今ではなかなか見られない貴重な場面だ。それにしても、缶ビール２本とスルメで５０００ウォンとはいい時代だ。後半の江陵空港の場面では大韓航空の女性がソウルまでの航空券が２５０００ウォンと言っていた。１９９８年は遠くなりにけりである。

翌朝、寝不足で到着した江陵駅前の描写もいい。本当なら旅人は宿に直行してひと眠りしたいところだろう。だが、これから始まる旅への期待感が眠気を上回る。

当時の江陵駅舎も懐かしい。駅を出た右手にはいかがわしい商売をやっている安宿が連なっていたはずだ。江陵で氷上競技が行われた冬季五輪のとき撤去が進んだと聞いたが、今はあとかたもないのだろうか。

## 刺身屋

今でこそ韓国の地方観光も多様化しているが、当時、東海岸に行ったら誰もが刺身を食べた。ジスクとサングォンが数時間違いで訪れた刺身屋は、江陵から東草方向に北上した大浦港にある。

「サービスのホヤで〜す」

刺身屋のおばさんのセリフで、二人が同じ店に行っていたことがわかった。

ジスクは同行の友達から「あんたは自分を特別だと思い過ぎ」と追及され、泣き出し、酒席は盛り下がる。一行の案内役を買って出た青年（キム・ユソク）が雰囲気を変えようと乾杯する。そのうちジスクと青年だけになり、どうでもよいおしゃべりが続く。

90年代の後半、語学留学で日本に2年ほど住んでわかったことだが、韓国人は本当に話すことが好きだ。ジスクたちのように流れにまかせてダラダラ飲みながら話すこともあれば、誰かのご高説を一方的に賜ることもある。ときには政治の話になり、右派と左派に分かれ険悪な雰囲気になることもある。

留学時代、私はアルバイト先の焼肉店の韓国人留学生たちとつるんでいたのだが、そこにたまに加わっていた日本の友人知人は、ひたすら飲み、ひたすら話す私たちの飲み会にとまどっていたようだった。

　同世代の日本の知人がよく言っていた。

「日本では１９８０年代の半ば頃から、自説を長々と語ったり、政治的な話をしたりする人をネクラ（根が暗い）と呼んで遠ざけるようになった。とくに若者は軽薄で享楽的であろうとしたんだよね。今思えば不思議だよ。まるでスイッチでも押したように世の中の雰囲気が変わったんだから」

　映画は世相を写す鏡だというが、たしかに日本の映画を観ていると、１９８０年前後がひとつの節目だったような気がする。私が好きな作品でいうと、１９８１年に製作された『駅　ＳＴＡＴＩＯＮ』（降籏康男監督）と『の・ようなもの』（森田義光監督）が象徴的だ。前者は主演が寡黙な高倉健であるところなどいかにもという感じがするが、戦後の日本人の心の痛みを引きずった最後の大規模公開ネクラ映画だったのではないだろうか。敗戦から36年。登場人物一人ひとりが抱える苦悩にまだリアリティがあった。

　しかし、80年代末のバブルに向かって、日本は闇をなかったことにする国になっていったのか。当時、邦画のタイトルに英文が入っているのは斬新だったと聞く。映画自体はネクラだが、タイトルは脱ネクラ志向だったのかもしれない。

一方、『の・ようなもの』は前者とまったく正反対で、展開にロジックが感じられない不思議な映画だ。新米落語家の主人公（伊藤克信）をはじめとする登場人物はそれぞれの幸せを目指しているのだが、悲壮感はまったくない。今、私が接することの多い60年代、70年代生まれの日本人の原型がこの映画にある気がする。

同じ1981年の映画にもうひとつ好きな作品『スローなブギにしてくれ』（藤田敏八監督）がある。山崎努や原田芳雄など中高年の登場人物はみなネクラで闇を抱えている。しかし、セリフはキザで、住居（米軍ハウス）やクルマ（ムスタング）、酒（ソルティドッグ、ワイングラスで飲むトマトジュース）などの小道具はスタイリッシュだし、主演の若いカップル（浅野温子と古尾谷雅人）は旧世代のしがらみから自由になろうともがいている。ネクラとネアカがせめぎあう複雑怪奇な映画なのだ。浅野温子が南佳孝の軽快なスキャットをバックに米軍ハウスを破壊する場面は、旧世代への訣別宣言のようだった。

その意味で現在の韓国映画は、当時の日本映画と比べてもまだまだネクラである。『スローなブギにしてくれ』が撮られた1980年といえば、我が国では『タクシー運転手約束は海を越えて』をはじめ数々の映画の題材となった光州民主化運動があった年だ。

ここから一応の民主化が成るまでに7年を要している。ソウル五輪を経て、軍人出身でない者が初めて大統領となり、その後、反軍事独裁の支持基盤である全羅道出身の金大中が初めて大統領になる。直後にＩＭＦでつまずいたが、そのあとW杯韓日共催を成功させ、エンタメやＩＴで世界的な成功をおさめ、豊かにはなったのだが、右派左派が10年交代で政権交替するたびにトラブルが起き、我々韓国人は今も政治に無関心ではいられない。

しかし、一周回ってよく考えてみると、１９９６年に監督デビューしたホン・サンスの作品はほとんどが時事問題とは無縁の物語である。ある意味、ホン・サンス作品こそが韓国の脱ネクラの先鋒なのかもしれない。そして、その正反対に位置するのがキム・ギドク作品といえるかもしれない。

私が日本にいた頃、劇場やビデオで観た日本映画は、いわゆるハートウォーミングな作風が多かった。皮肉ではなく「日本は平和でいいなあ」と思ったものだ。

ホン・サンス作品は例外として、政治のしがらみから自由でハートウォーミングなメジャー系映画のはしりといえば、２００６年の『ラジオスター』だろう。これ以降、韓国ではハートウォーミングな作風は珍しくなくなった。

しかし、それらは政治の腐敗を追及したり、格差社会を白日のもとに晒したり、南北朝鮮問題をモチーフとしたりする作品と比べると影が薄い。アカデミー賞を独占した作品が格差社会を描いた『パラサイト　半地下の家族』であることはそれを象徴している。

## 小市民

ジスクの恋人サングォン（妻帯者）は、多くの男性が恋敵にしたくないタイプだろう。人を見下すような冷たい目つき、感情の起伏が感じられない声、高身長、女好きの大学講師。扮するのは『春の日は過ぎゆく』（2001年）で主人公サンウ（ユ・ジテ）を間接的に苦しめ、『私の頭の中の消しゴム』（2004年）ではスジン（ソン・イェジン）の心に致命的な傷を負わせたペク・チョンハクだ。『サニー　永遠の仲間たち』（2011年）では成人した主人公ナミ（ユ・ホジョン）の夫役として、成功者だが人間味の感じられない男を演じている。

なぜこんな感じの悪い男にスポットを当てるかというと、それはサングォンの旅の相棒、チェワン（チョン・ジェヒョン）を語るためである。この映画のファンの多くがヒロインのジスクばかり語るので、私はあえて光の当たらない後輩に着目してみた。

大浦港の刺身屋で大学教授への道を探ろうともがくサングォンに的確なアドバイスをし

ているように、チェワンは先輩より先に教授になっている。社会的地位こそ上だが、それ以外はすべてサングォンに見劣りする。でも、裏表のないいい奴だ。

ソウルの喫茶店では、トマトジュースらしき飲み物のグラスを揺らして濃度を一定にしようとする（男らしくそのまま飲もう）。

そして、サングォンの不倫相手（ジスク）の年齢をやっかみ混じりで訊く。サングォンは自慢半分で「22歳」と言っているのに、ジスクのことで消耗していた先輩をやさしく気づかう。

生来の使いっ走り体質で、目にゴミの入った先輩のため薬局に行き、目薬を選んであげる。日本製の目薬に惹かれるが、結局、安くて量の多い韓国産を買うのも彼らしい。

冒頭の夜汽車でビールを買いに行くのももちろんチェワンの役目。車内販売のおじさんにも「ビール2缶いただけますか？」と、言葉遣いも丁寧だ。

江原道旅行のために前日ナイキのスニーカーを新調した。旅慣れている者なら絶対にやらない愚かな行為である。しかし、チェワンは「滑りにくそうだ」とうれしそうに自慢する。どこまでも真っすぐな男なのだ。

飛龍《ピリョン》の滝では岩の上で仰向けになってくつろごうとする。腰の座りが悪かったようで三度も位置を変えるが、すぐにあきらめてしまう（男なら気にせず豪快に寝そべろう）。

松林の中の屋外食堂ではマッコリを飲みながら、なぜかサングォンの美肌講座を聴いている（そんなものまじめに聞いてどうする）。

女性のあとをつけ、サングォンの代わりにナンパし、待ち合わせの場所まで決めたのだが、ほどけたナイキの紐を結んでいるうちに約束の時間に遅れ、逃げられてしまう（前日に買った靴なんか履いてくるからこうなる）。

それにしても中年男二人の旅行というのはどうしてこう様にならないのだろう。滝で水遊びをしたり、ケーブルカーに乗ったり、岩山を登ったりしても、ちっとも楽しそうではない。ナンパしたり、酒を飲んだり、女遊びをしたりするまでの時間つぶしでしかなく、二人の旅は常に寒々としている。

ナンパに失敗した二人は取り逃がした女性に再び会ったが、サングォンは無粋にも「なんで待っててくれなかったんですか？」とからんで跡を濁す。そして、大浦港の刺身屋で一杯やった後、ワゴン車で客引きするおじさんに誘われ、ナイトクラブに出かける。サングォンはよほどさみしかったのか、カラオケの個室に接待嬢二人を呼び、チェワンにもあてがう。韓国で接待嬢を呼ぶということはお持ち帰りするということだ。我らがチェワンは潔癖症なのか単に臆病なのか立場を気にしてなのか、先輩が女を買ったことが不満そうだ。

「教授になったからって気取りやがって！」

サングォンはコンプレックス丸出しの言葉を吐き、ショットグラスに残ったソジュをチェワンに浴びせる。

しかし、チェワンは顔や手を拭ったおしぼりをテーブルに弱々しく叩きつけるだけでやり返したりはしない。社会的地位は自分より下でも先輩は先輩だ。彼は気が優しいのでサングォンの心の痛みがわかってしまうのだろう。

接待嬢をホテルにお持ち帰りしたものの、半ば酔いつぶれてソファに座り込むサングォン。チェワンはここでも彼らしさを発揮し、タバコ片手に逡巡している。業を煮やした女がキレ気味に言う。

「やるの？　やらないの？」

こういうとき男がいちばん聞きたくないセリフだろう。

「酒やつまみ、たくさん買ったのに……」

チェワンはぶつくさ言いながらも、女の手を取って寝室に向かう。

いい奴だが、彼のような男がいっしょだと旅は絶対に弾けない。ホン・サンス監督が彼

ナイトクラブの個室で険悪な雰囲気になった大学講師サングォン（ペク・チョンハク）と大学教授チェワン（チョン・ジェヒョン）

ソウル清進洞のヘジャンクッの老舗「清進屋」の旧店舗でもうろうとしているサングォン

に背負わせている映画的役割が何なのかはわからないが、チェワンを軸にこの旅を見つめると周囲の人物の個性が浮き彫りになり、なかなかおもしろい。

## 安モーテルの夜、クッパ屋の朝

ジスクとサングォン。それぞれの江原道の旅が終わり、二人は深夜、仁寺洞にある耕仁《キョンイン》美術館の庭で再会する。安モーテルで不毛な時間を過ごし、翌朝サングォンは一人でヘジャンクッ（酔い覚ましのクッパ）の老舗「清進屋」に向かう。

この店はかなりの老舗で、映画公開の数年後、再開発で鍾路の大通り沿いのビルに移転した。その後、元の店があった通りのビルに立派な店舗を出している。ヘジャンクッはけっして高級な食べ物ではないので、元の店が似つかわしい。その意味では大変貴重な映像である。

クッパを食べ終え、水の入ったグラスを意味なく回したり、虚空を見つめたりするサングォン。私のような酒飲みには身につまされる場面だ。前夜、大酒を飲んでしゃべって、ときには歌って、ときには誰かと朝までいっしょに過ごす。精神的にも肉体的にも発散はしたが、翌朝の代償はなかなか残酷だ。胃や頭が痛むだけでなく、心も沈み込む。ちょっとした鬱といってもいい。人間味のないサングォンだが、この映画のなかで彼がいちばん映える場面だと思う。

この十数年後、サングォンを演じたペク・チョンハクは『次の朝は他人』に映画監督役でちらっと出てくる。もちろん人間味のないキャラクターだ。

『カンウォンドのチカラ』には二つの失くし物が出てくる。ひとつはサングォンが飼っていた2匹の金魚のうちの1匹。もうひとつはジスクの友達のカメラだ。

その意味についてはこれから十年くらいかけてゆっくり考えていきたい。いや、きっと考えない。それでも、この映画は一生観続けるだろう。

# 昼間から呑む

## 一人旅の理想と現実

### 一人旅の悲喜劇

一人旅するつもりではなかった者が一人旅をすると、ろくなことにならない。『昼間から呑む』はそんなことを教えてくれる映画である。

私も２０００年の冬、知人の日本人男性をこの映画の主人公のように一人旅させてしまったことがある。急用のため同行できなくなってしまったのだ。旅先はこの映画と同じ冬の江原道旌善郡だった。日本の人にもよく知られている江陵や束草のある東海岸からバスで1時間以上かかる山深いところだ。知人は韓国の地方旅行経験も豊富だったが、さす

公開：2009年
原題：낮술
監督：ノ・ヨンソク
出演：ソン・サムドン、キム・ガンヒ、タク・ソンジュン、ユク・サンヨプ、イ・ラニ、シン・ウンソプ、イ・スンヨン
物語：飲み会で悪友たちと江原道の旌善を旅しようと盛り上がったが、翌朝旌善に着いたのは主人公だけだった

がに真冬の江原道の一人旅はさびしかったようだ。

初日は映画『春の日は過ぎゆく』の撮影のときに女優イ・ヨンエが泊まった民宿風旅館「玉山荘」に泊まった。昼間はそこの女将さんやお父さんがあれこれかまってくれたそうだが、田舎の人は夜8時過ぎには眠ってしまう。知人も日が暮れるとオンドルが効いた部屋でゴロゴロしていたが、せっかくの旅行である。雰囲気のある大衆酒場で一杯やりたくなった。

宿を出て、雪を踏みながら5分ほど歩き、バスの発着所（兼食料雑貨店）まで行った。『昼間から呑む』でも雑貨店が何度か出てきたが、あんな感じである。もともと店が少ないうえ、どこも灯りが消えている。さらに歩くと、ハングルでノレバンと書かれたネオンが見えた。カラオケボックスだ。やる気のなさそうな店員が出てきて言う。

「女の子、呼びますか？」

男性の一人客だから当然の対応だ。そういう遊びには興味はないのだが、歌い終わりに拍手くらいしてもらってもバチは当たるまいと呼んでもらうことにした。

やってきたのは年齢不詳のショートカットの女性。韓国語もろくに通じない日本人の相手をさせられるなんて……と言わんばかりの仏頂面だ。そして、ひたすらビールを流し込み、発音のあやしい韓国歌謡を歌い続け、たいした盛り上がりもないまま、まぬけな時間を過ごした。

彼女にはすまないが、アフターなどに興ずるつもりは毛頭ない。会計はまともだったし、まぬけはまぬけなりに楽しかった。その晩はぐっすり眠れたそうだ。

翌朝は旅館で江原道らしい山菜をたっぷり使ったナムルをつまみながら、あつあつのチゲとごはんを美味しくいただいた。

そう、一人旅の楽しさなどというものは、よほど親切で情熱的な人にでも出逢わない限り、せいぜいこんなものなのだ。とはいえ、次から次へと愉快な人と出逢う旅などそうそうあるものではない。もしあったとしたらそれには裏がある。それをこの映画の主人公ヒヨクチンは身をもって示してくれている。

## 観光の目玉、五日市を見逃す

江原道の旌善バスターミナルは、酒席で盛り上がって「明日旅に出るぞ！」という誰かの無責任な発言を真に受けた男が一人でたどり着くのに相応しいところだ。旌善が内国人向けの観光地としてブレイクしたのは2010年前後だったろうか。2と7の付く日に立

主人公ヒョクチンがたどり着いた旌善旅客ターミナル。2001年の映画『春の日は過ぎゆく』では、ユ・ジテとイ・ヨンエが初めて会う場面がここの待合室で撮影された

旌善市場の食堂でヒョクチンが頼んだコットゥンチギクククス。
太くて弾力のある蕎麦を味噌仕立てのスープで食べる

つ五日市目当てにソウル、そして全国から多くの観光客が殺到したが、列車利用がメインだったため、バスターミナルには光が当たらなかった。そのため私が初めて訪れた2001年頃と今も建物は大きく変わっていない。

旌善の市場に着いたヒョクチンは、朝食をとろうと入った食堂のおばさんから今日は五日市の日ではないと知らされる。たいしたイベントのない田舎町の旅で五日市を逃すというのは絶対やってはいけないミスだ。

逆に、狙っていないのにその日が五日市だったらそれは大きな幸運である。海山の産物をその土地のおばあさんが市場に持ち込んで商う姿が見られる五日市は、まさに生きること=食べることを目の当たりにできる貴重な機会だ。ヨッチャンスと呼ばれる大道芸人が見られるのも五日市だ。映画『ワンドゥギ』では主人公（ユ・アイン）の父親（パク・スヨン）が五日市で歌い踊るシーンを見ることができる。

また、五日市にはジャントルメンイと呼ばれる五日市周りの旅商人もいる。彼らは菊花パン（今川焼）のようなどこでも売れる菓子などを商っているが、彼らから他の町の五日市の様子などを聞くのはじつに楽しい。私は翌日に五日市が立つ町を彼らから教わり、実際に行ってみたことがある。機会があればジャントルメンイを追いかけるように五日市巡りをして、夜は『男はつらいよ』の寅さんが旅芸人にそうしたように、一席設けて盛り上がりたいものだ。

映画では、最初の宿に着いたヒョクチンをテレビの方向から固定カメラで撮り続ける。彼がすることといったら、シャワーを浴び、テレビを観て、うとうとし、部屋の外の踊り場でタバコを吸い、隣りの部屋に泊まっている若い女子を目で追う。近所のスーパーに酒を買いに行き、部屋でラーメンを茹でて鍋ごと食い、じつはカップルだった隣室の客にソウルからわざわざ持ってきたワインを献上する。

一人旅はけっしてロマンチックではない。それをまざまざと見せつけられるのだが、妙にリアリティがあるので笑ってしまう。女の一人旅だって、よほど素敵で安全な人と出逢わない限り、ヒョクチンとたいして変わりないだろう。

## 煩悩の旅の終着地

何か起きそうで何も起こらないヒョクチンの旅は、旌善から江陵の鏡浦《キョンポ》海水浴場に移動して最初のハイライトを迎える。

ここで見ものなのは、海水浴場で再会したカップル（ペンションでワインを献上した相手）の彼氏だ。この時点で翌日のヒョクチンの悲劇が始まっているのだが、彼氏の太鼓持ちぶりと軽薄過ぎる一挙手一投足は、韓国人でも日本人でも笑うしかないだろう。演技じゃなく本当にこんな奴いる！　と誰もが思うはずだ。結婚詐欺の嘘はベタでスケールが大きいほど効果的だと聞いたが、人はどんなに見え透いていてもホメ言葉には弱いのだ。

まんまとカップルにしてやられたヒョクチンだが、悲劇はこれだけでは終わらない。その次の日の晩もひどい目に遭う。

まんじりともしない夜を過ごしたヒョクチンはその翌日、ようやく本来の目的地である旌善のペンションにたどり着く。そこにはほぼ野郎しかいなかったが、ささやかなオアシスが待っていた。

最初の酒宴はペンションの前のあたたかいビニールハウスの中で催される。そこで目を奪われるのがペンションの主がつくったタングムスル（薬草酒）だ。主の言葉によれば、葛や10年もののツルニンジンなどが入っていて精がつき、胃もたれにもよい酒だという。地方に行くと、その土地の産物を漬けた、わけのわからない酒と出合うことがたまにある。科学的な薬効よりも、その土地の空気を吸い、醸した人の講釈を聴きながら飲む酒に勝るものはないのである。

「鏡浦台でラーメンをすすりながら飲むソジュが最高なんだ」
ヒョクチンの友人のセリフにつられ、筆者も江陵の鏡浦海水浴場でラーメン&ソジュを試してみた

左からヒョクチン（ソン・サムドン）、怪しい彼氏（タク・ソンジュン）、怪しい彼女（キム・ガンヒ）

劇中、この酒瓶がクローズアップされる場面があるのだが、黒や茶色をした正体不明の実がたくさん入っていた。映画の撮影チームが現地で出合った本物の酒に違いない。連日飲み続け、二晩に渡る悲劇により風邪気味のヒョクチンが、締めたての豚肉を食べながらそれを旨そうに飲むのを見て、私もその酒の正体を確認しに旌善に行きたくなった。

謎の酒と肉で体力を回復したヒョクチンには、そのあともうひとつの悲劇が待っているが、4日間心身をシャッフルさせられ続けた彼には大した問題ではなかった、『春の日は過ぎゆく』で美男美女（ユ・ジテとイ・ヨンエ）がラジオ番組用の川のせせらぎを録音したアウラジ川で、『昼間から呑む』のヒョクチンたちは酒と焚火で寒さを忘れようと、野宿者のように飲み、鱒《マス》を喰い、歌い、踊った。そして、酔いを醒ますために雪の上でしばし眠る。

酒飲みはまぬけだが美しい。韓国でも日本でも酒飲みの肩身が狭くなりつつあるこの頃だが、この映画はだらしない酒飲みをとことん勇気づけてくれる。

ようやくたどり着いたペンションでヒョクチンを待っていたのはやはり酒だった

※『昼間から呑む』DVD：4,180円（本体3,800円）発売中　発売元：ミッドシップ/スタイルジャム　販売元：ハピネット・メディアマーケティング

## ラブレター　パイランより

### ひたすらパイラン（セシリア・チャン）を愛でる

**泥まみれのカンジェ、天使のようなパイラン**

留学時代に学んだ日本語に「掃き溜めに鶴」がある。この映画はまさに「掃き溜めに鶴」を鑑賞する映画だ。鶴は中国から韓国に出稼ぎにやってきたパイラン（セシリア・チャン、当時21歳）。ダメヤクザ、カンジェに扮するチェ・ミンシクの名演技も、親分役のソン・ビョンホの狂気の宿った目力も、仁川の街の煤けて乾いた空気も、すべてパイランを光らせるための装置であるかのようだ。

公開：2001年
原題：파이란
監督：ソン・ヘソン
出演：セシリア・チャン（張柏芝）、チェ・ミンシク、コン・ヒョンジン、ソン・ビョンホ、キム・ジヨン
物語：うだつの上がらない韓国人ヤクザと、韓国へ出稼ぎにやってきた中国娘の偽装結婚

写真提供：韓国映像資料院

冒頭、パイランの入国審査の場面で思い出すのは1996年の香港映画『ラヴソング』(甜蜜蜜)だ。あちらはレオン・ライとマギー・チョンという美男美女のおとぎ話だったが、こちらは醜男美女のおとぎ話だ。

パイランは中国大陸からフェリーで仁川港に入っている。彼女のパスポートが大写しになる場面をよく見ると広州と書かれていた。広東省の省都である。そういえば、『ラヴソング』も大陸から香港にやってきた若者たちの物語だった。

カンジェが属する組がある仁川は、日本の植民地政策の拠点のひとつだったので、朽ちかけた日本家屋や年季の入った近代建築が多く、よくも悪くも絵になる街並みだ。

本作では、カンジェの荒んだ生活をこれでもかと見せつけられる最初の40分間は、仁川の街が沈んだ色調で描かれている。

それでも仁川の街並みは絵になるからよいのだが、ひどいのはカンジェと弟分のギョンス(コン・ヒョンジン)が住むボロアパートの部屋だ。万年床。燃えないゴミの日に旅立てなかった酒瓶たち。ヤクザのシノギなのか高く積み上げられたVHS、長らく使われていなさそうなダンベル。黄色が薄くなったピカチュウのぬいぐるみ。この部屋の流しで小便をするカンジェは下衆の極みというほかない。

パイランの降臨で仁川の街にはわずかに光が差すが、ブローカーは彼女がホステスとして使えないとわかると、江原道の田舎町のクリーニング屋に売り飛ばす。その代わりにカンジェとの偽装結婚が成立し、韓国での居留が保証される。

クリーニング屋の女将に扮するのは、田舎のおばあさんを演じさせたら右に出る者がいない女優キム・ジヨンだ。本作では北朝鮮に近い江原道訛りが堂にいっていると思ったら、なんと中国やロシアに近い咸鏡北道の清津《チョンジン》出身だった。

彼女の過去20年以内の作品でいえば、2004年の『彼女を信じないでください』(カン・ドンウォンの祖母役)、2005年の『ウェディング・キャンペーン』(チョン・ジェヨンの母役)、2009年の『TSUNAMI』(ソル・ギョングの母役)、同年『国家代表!?』(キム・ジソクとイ・ジェウンの母役)、2011年の『トガニ　幼き瞳の告発』(コン・ユの母役)、2013年『ザ・スパイ　シークレット・ライズ』(ソル・ギョングの母役)など、多くのスターの母や祖母を演じており、そのキャリアはまさに「国民の祖母」だ。

残念ながら2017年に80歳で亡くなったが、表情、言葉、佇まいで田舎者をおおらかに表現した出演作を挙げることで追悼としたい。

仁川駅前から広がるチャイナタウンは韓国最大規模(2013年撮影)

仁川のチャイナタウンで見かけた華僑の家

## パイラン劇場

パイランがクリーニング屋で働き始めてからは胸のすく場面の連続だ。

その爽快感は彼女が庭で洗濯するシーンでピークに達する。

冬の江原道の寒さなどものともせず、パンツの裾を膝下までまくり上げ、踊るように洗濯物を足で踏み洗いするパイラン。

その場に現れた女将（背景には鱈の干物）が驚いてひと言。

「ありゃ〜、こりゃ人間洗濯機だよ、人間洗濯機」

カメラは二人を上空から引きで撮る。そこにはパイランが干した真っ白いシーツがはためいている。

「セ〜〜〜タッ」（洗濯）

「オソオセヨオ」（いらっしゃいませ）」

「コ〜マプスミダア」（ありがとうございます）

「ジンチ チャプサッソヨオ」（お食事なさいましたか？）

二人でネギの手入れをしながら、女将がパイランに韓国語を教えるシーンも微笑ましい。

覚えたての韓国語でパイランが「セ～～～タッ！　セ～～～～タッ！」と連呼しながら町を自転車で走ると、曇り空も晴れ渡る。

物語はこのあと一転二転するが、そんなことは重要ではない。

韓国版ＤＶＤのジャケット写真やプロモーション写真には、パイランがカンジェを後ろから抱擁し微笑み合う場面がよく使われていたが、劇中、この二人が直接ふれ合うことはなかった。それだけにこうした写真を見ると胸が締め付けられる。

江原道の浜辺を歩くパイラン。物語は天使の歌声と笑顔で完結する。

何も言うまい。この映画はこれでよいのだ。

# 旅人は休まない

## 一人旅、そして、幸薄い美女との旅

### マッコリとメシをくれ

『昼間から呑む』の項で、一人で冬の江原道を旅するはめになった日本人男性のことを書いた。彼は不案内な土地を一人で歩くことに不安を感じながらも、ある映画を思い浮かべてワクワクしたという。

それが『旅人は休まない』だ。私が単行本の取材で歩いた地域をくまなく訪ねてくれている日本の男性読者の多くがこの映画のファンだ。いや、映画のファンというより、主人公スンソク（キム・ミョンゴン、当時30代半ば）と、彼が江原道で出会う看護婦（イ・ボ

公開：1988年
原題：나그네는 길에서도 쉬지 않는다
監督：イ・ジャンホ
出演：キム・ミョンゴン、イ・ボヒ、コ・ソルボン、チュ・ソクヤン
物語：南北国境線近くの町で、わけありの男と女が出会う

写真提供：韓国映像資料院

ヒ、当時20代後半）のファンといったほうがいいかもしれない。
この映画、ソウルに住む男性が一人で江原道の田舎町に降り立つところは、『昼間から呑む』と同じだ。しかし、映画のトーンはまったく違う。

南北が分断される前の北側出身で朝鮮戦争の孤児だった妻の遺骨を、北寄りの地に撒こうと江原道を旅しているスンソク。

そして、「生きているうちに北の故郷が見たい」という老人（企業の会長）の願いを叶えようと江原道まで付き添ってきたチェ看護婦。

南北分断の現実の前に、二人はそれぞれの望みを叶えることはできなかったが、老人が関係者によって連れ戻されたあと言葉を交わし、つかの間の旅をする。

スンソクの旅はまさに傷心旅行なのだが、彼の苦悩は外国人にはなかなか理解しにくいだろう。無理もない。当時の韓国映画は軍事独裁政権による検閲を受けなければならず、親北的な表現は避けなければならなかったのだ。この映画の全編を覆うセピア色はそれを象徴している。

極端にいえば、北側にふれる映画は共産主義を否定する要素を入れないと成立しなかったのだ。バスを待つスンソクにまとわりつき、「キム・イルソンを殺せ！　キム・イルソンを殺さなきゃ！」と叫び続ける若者はまさにその役割を果たしている。

重苦しい背景の考察はともかく、スンソクの旅のスタイルは田舎町を旅するのが好きな人を惹きつけてやまない。

夜、海辺の「ムルチ食堂」にふらりと現れたスンソクは、店主に「デポ ハンジャン」と告げ、マッコリを注文する。どうでもよさそうにメシも頼む。これがじつにサマになっている。その土地の名物料理や旬の魚などに目もくれず、マッコリ一杯とメシだけ。韓国で「メシをくれ」と言ったら、それはごはんにキムチやナムルなど数点が添えられたものを指す。海辺ならさらに焼き魚の2尾くらい付くかもしれない。そんな想像も楽しい。

その晩、スンソクは同じバスに乗り合わせた団体旅行グループに誘われ、旅館の部屋で花札に興じるが、愛想笑いさえ見せない。彼らに押しつけられた娼婦と自分の部屋に入るが、同衾は頑なに拒む。

翌朝、ムルチ食堂に裏を返す。前の日の夜のシーンでは暗くてよくわからなかったが、朝日を浴びたこの食堂、飾り気がなくてなかなかいい店だ。

「チゲでも煮てくれ」

妻の遺骨を持ったスンソクと、老人を連れたチェ看護婦は昨夜、この店に居合わせたのだが、言葉は交わさなかった。老人とチェはすでに立っていた。

その日の夕方、スンソクは同じ浜辺にあるまた別の店「全州食堂」を訪れている。北東部の海に面しているのに、店名には全羅北道の内陸部にある全州が冠されている。スンソクに媚を売る女主人は慶尚道訛りでしゃべる。なんともとんちんかんだ。

スンソクは水槽の中からサヨリを選ぶ。刺し身にしてもらい、ソジュも頼む。

慶尚道訛りの女主人が言う。

「ウチには部屋もあるから泊まって行きなさいな。女の子も呼べますよ」

女主人は勝手に接待婦を部屋に押し込むが、スンソクは酔いつぶれて眠ってしまう。

## 雪の江原道、二人の時間

妻の散骨と老人の故郷への付き添い。それぞれの目的を果たせなかったスンソクとチェ看護婦は、雪降る北の果ての町に取り残される。

平屋の建物しか見えないこの辺りは、韓国語で邑と呼ばれる町の中心部だろう。旅館がいくつかあるから、かつては山越えしてきた商人たちが羽を休めた町なのかもしれない。

旅好きな日本の男性と話すとよく出てくる、つげ義春のマンガに出てきそうな田舎町だ。

「こうして会ったのも何かの縁ね。ワタシがおごるからどこかへ行きましょ」

薄幸そうなイ・ボヒにこう言われて、断る男性はいないだろう。

チェ看護婦が入ろうとした店は食堂ではなく、雪に埋もれたような韓式旅館だった。

とまどうスンソクに、チェは笑いながら言う。

「夕ごはんを食べたら、あなたは他の宿に行ってね」

雪の反射光が透ける障子を背景に、オンドル部屋で向かい合って座る二人。お膳にはビールが2本と煮干しと味噌、干しイカ。

一方的に身の上話をするチェ看護婦。冷たいが、透明感のある声が耳に残る。

「イ・ボヒとこんなふうに飲めたら、死んでもいい」

この映画にとりつかれた日本の男性の多くがこんなことを言っていた。

「チョンさん、スンソクとチェ看護婦ごっこをやりませんか?」

そんなことを言う人までいたが、丁重にお断りした。私にはチェ看護婦のような影がない。

「こんな手相見たことある?」

チェ看護婦の指とスンソクの指がふれる。

そのあと何かがあったような、なかったような。

チェの部屋から逃げるように別の宿に移り、一人ソジュを飲むスンソク。旅人宿《ヨインスク》クラスの粗末な宿だ。酔いつぶれてうなだれるスンソク。そして、吹っ切れたかのように一人で庭に散骨する。

翌朝だろうか。場面が変わり、雪道を歩く二人。

「ソウルに帰ったら、しばらくは共働きだよ」

二人の距離が縮まったようだ。

「もうそんな話？」

チェ看護婦は笑い飛ばすが、悪い気はしていないようだ。

この二人にこのまま幸せになってほしいと願うが、この物語には衝撃的なラストが待っている。

# ラジオスター

## 町も人もあたたまってゆく、少しずつ少しずつ

制作：2006年
原題：라디오 스타
監督：イ・ジュニク
出演：アン・ソンギ、パク・チュンフン、チェ・ジョンユン、ユン・ジュサン、チョン・ソギョン、アン・ミナ
物語：落ちぶれたロック歌手が江原道の田舎町でラジオＤＪを務めることに

### 国民俳優と顔面アクション俳優

アン・ソンギとパク・チュンフンの共演というだけで、80年代から韓国映画を観ている人にはたまらないだろう。日本でも１９８８年のソウル五輪前後にＮＨＫなどで韓国映画が放送された頃からのスターなので知っている人も多いはずだ。

『ラジオスター』は、『チルスとマンス』（１９８８年）、『トゥ・カップス』（１９９３年）、『NOWHERE　情け容赦なし』（１９９９年）に続く、四度目の共演だ。

本作の最大の見どころは、半分眠ったような江原道の田舎町・寧越《ヨンウォル》が、ソウルから流

写真：Everett Collection/アフロ

れてきたロック歌手がＤＪを務めるラジオ番組によって、少しずつ熱を帯びてくる描写だ。冒頭は、１９８８年の歌謡大賞受賞の華々しいシーン。実況中継は実映像だ。ＭＣを務めるイ・ドックァが若い。その隣りは当時、カン・スウォンと並ぶ人気若手女優だったチョ・ヨウォンだ。

あれから18年が経ち、京畿道（事実上のソウル郊外）のミサリというカフェ村で弾き語りするまでに落ちぶれたロック歌手チェ・ゴン（パク・チュンフン）。そのマネージャーであるミンスは再び表舞台で活躍する夢を捨てず、ゴンを盛り立てる。

「１９８８年度のレコード大賞歌手のボクが、どういうわけかこの町でＤＪをやることになりました……」

そんなゴンにこの町がド田舎であることを突きつける仕掛けがおもしろい。

出世街道から外れている寧越支局長（ユン・ジュサン）は、ソウルの本局から厄介者を押し付けられ、グチばかりこぼしている。救いは部下のエンジニア（チョン・ソギョン）。何事にも真摯に取り組んでいる。

まさかのロックスターの到来に喜び、ゴンとミンスにまとわりつく田舎バンド、イースト・リバー（実在のバンド、ノーブレイン）の面々。イースト・リバーは寧越の名所、東《トン》江《ガン》に由来している。

ゴンとミンスを迎えるモーテル(1泊40000ウォンと予想)。金がないので二人同室。ミンスは床で寝る。

店にいると厨房長(イ・ジュニク監督)に小突かれるので、ジャージャー麺の配達先の寧越支局で時間つぶしをする中華料理店の出前持ち。

聴取者とケンカして原州《ウォンジュ》支局から飛ばされてきた女性PD。原州市は江原道の道庁所在地・春川市に次ぐ都市なので、寧越への異動はゴン同様、左遷である。

寧越支局はまさに吹きだまりなのだ。

## 茶房アガシの飛び入りDJ

ゴンをはじめとする関係者のモチベーションも低かったが、それでも第1回放送は始まった。ゴンの後輩で売れっ子歌手のキム・ジャンフンの歌「大音量でラジオを流せ」をバックに、寧越の町や市場の映像が流れる。これがなかなかすばらしい。

カゴにすし詰めにされ姦しい鶏、鶏、鶏。石臼でゴリゴリと絞られる緑豆。凍った鱈の頭をバンバンぶったぎる魚屋のオヤジ。ラーメンパーマを当てるアジュマ。小麦粉をこね

映画公開の数カ月後、2007年に訪れた寧越の駅前通り。駅前とは思えないさびれっぷりだが、韓国の田舎町はバスターミナルを中心に商圏が形成されるので、そちらはもう少しにぎやかだ

寧越バスターミナル前にある「チョンロク茶房」。入口の右手に『ラジオスター』のポスターが(2011年撮影)

ては叩きつける中華屋の出前持ち……。ソウルと釜山、大邱くらいにしか行かない日本のリピーターに、本当の田舎の魅力を伝える絶好のプロモーション映像だ。

やる気はないのに見栄っ張りのゴンは、キム・ジャンフンから生電話の祝賀メッセージをもらおうとするが、キムは放送中に借金を返せと言い始め、ゴンのプライドはずたずたにされる。

ＰＤに罵られ、かんしゃくを起こしてブースを飛び出し、ミンスにイントロのあいさつをさせたり、出前持ちをＤＪブースに入れたりして、放送打ち切りは近いと思われた頃、コーヒーを配達しに来た茶房アガシ（アン・ミナ）の飛び入りトークがスタッフや聴取者の心を打ち、寧越支局と田舎町に火がともされる。

このときの茶房アガシのぎこちないＤＪが聴きものなので以下、ダイジェストで掲載しよう。


こんにちは。バスターミナル前、チョンロク茶房のソノクです。いつもご利用ありがとうございます。

クリーニング屋のキム社長と金物屋のパク社長！　コーヒー代のツケ早く払ってくださ

い。キム社長が４７０００ウォン、パク社長１０４０００ウォンです。早く返してくれたら４０００ウォンはオマケします。私の給料から引かれちゃうから早く返してください！

（続けて話せとゴンに言われ）

か、母さん、私よ、ソノク。

母さん元気？　聴いてるかな？　今日は雨ね。

覚えてる？　私が家を出たときも雨だったね。

母さん、あのね。私、母さんが嫌いで家を出たんじゃないのよ。

あのとき母さんにひどいこと言ったけど、私、この世のすべてがイヤになって、自分がイヤになっちゃったの。母さんが嫌いなんじゃないの。自分が嫌いでヤケになってたんだ。

（すすり泣く）

私、どうかしてるね。

母さん、今日みたいな雨の日は、母さんが作ってくれたチヂミ焼いてみるんだけど、母さんのチヂミと同じ味にならないよ。

母さん、会いたいよ、会いたいよ。

茶房アガシを演じたアン・ミナ（当時の芸名はハン・ヨウン）は、前年にドラマ『私の名前はキム・サムスン』で、サムスンの後輩を演じたくらいのキャリアしかなかったのだが、物語を転換させる飛び入りＤＪの演技は見事だった。

これ以降、番組関係者と聴取者の距離が一気に縮まり、公開放送へと突き進んでいくことになる。

別項でも書いたが、この映画のヒット（３カ月近くロングラン）で、日本でハートウォーミングと呼ばれるジャンルが韓国でも確立されたような気がする。

本作を何度も観て、思い出した日本映画がある。

山下敦弘監督の『リンダ リンダ リンダ』（２００５年）だ。これも登場人物が「三歩進んで二歩下がる」を繰り返し、ゆっくりとゆっくりと熱を帯びて、歓喜に至る物語だ。なかでもペ・ドゥナ扮する留学生ソンが、少しずつ変化してゆく演技は見ものだった。

長期化するコロナ時代にあって、韓国でも日本でも一発逆転的な物語ではなく、心の慰謝となり、希望を与える物語が再評価されるのではないだろうか。

# 4章

# 釜山映画、威風堂々

悪いやつら
10人の泥棒たち
国際市場で逢いましょう

# 悪いやつら

## ダメな男の全盛時代

公開：2011年
原題：범죄와의 전쟁　나쁜놈들 전성시대
監督：ユン・ジョンビン
出演：チェ・ミンシク、ハ・ジョンウ、クァク・ドウォン、チョ・ジヌン、マ・ドンソク
物語：税関職員が自ら摘発したヒロポンをヤクザに横流ししたのをきっかけに悪の道へ入っていく

### 悪いやつらと嫌なやつら

邦題通り、悪いやつらばかり出てくる映画なのだが、出てくるやつ出てくるやつ、みな人間臭く、悪いどころか可愛らしく見えてくるのがこの映画の魅力である。

基本的にヤクザ映画は好きではないのだが、別項で取り上げた『熱血男児』とともに、何度もリピートしてしまう作品だ。それほど出てくる人間たちが味わい深い。

悪いやつらは、じつは可愛いやつらで、本当に悪いのは警察や政治家などの権力者たちではないかと思えてくる。本作は権力者たちの醜さも実によく描かれている。

写真：Everett Collection/アフロ

それでは本作を黒や灰色で彩る悪いやつら、嫌なやつらを紹介しよう。

## チェ・イッキョン（チェ・ミンシク）

釜山税関の下っ端職員。密輸商の不正を見逃す代わりに小金を受け取ったりしていたが、たまたま摘発した密輸品のヒロポンをヤクザのチェ・ヒョンベ（ハ・ジョンウ）に横流ししたのをきっかけに裏社会の住人となっていく。

イッキョンの武器は家系だ。今は落ちぶれているが、名門の出なので、何かというと家系を笠に着る。それでいて自分より力のある者には無節操にひれ伏する。

最初の見どころは、郊外の農家のビニールハウスでマッコリを飲みながら行われたヒロポン取引の場面だ。マッコリの酔いが回ってきたイッキョンは、ヒョンベが同族（遠い親戚）であるとわかると、同じ家系でもヒョンベより自分が格上だと主張し出し、「おまえ、オレにあいさつしないのか？」と威張り出す。その直後、イッキョンの腹心チャンウ（キム・ソンギュン）に髪の毛をつかまれ、平手打ちを何発も喰らう。

しかし、転んでもただでは起きないイッキョンは、またもや家系を持ち出してヒョンベの父親に取り入り、再び格上であることを見せつける。

この映画はイッキョンの上がり目のときと落ち目のときの落差の描写が残酷かつコミカルで、韓国人なら失笑（ときには爆笑）を禁じえない。

裏社会に染まっていく過程のイッキョンは特に可愛いらしい。ヒョンベの組の一員となるが、まだイッキョンに不信感を持っている部下に先輩風を吹かせたり、サウナで会った昔の知人の前ではヤクザ風を吹かせたりする。

ヒョンベの対立組織に乗り込み、そこのボスであるパノ（チョ・ジヌン）の情婦（キム・ヘウン）に、にわかヤクザであることを見抜かれたにも関わらず、大立ち回りをする。やがて、ヒョンベがその対立組織を掌握すると、今度はパノの情婦とできてしまい、「ヒョンベはオレの下だ」と強がって見せる。その後、力を待ち始めたイッキョンはヒョンベが煙たくなり、秘密裏に殺害しようとする。しかし、それがバレて手下たちに山でリンチされ、小便をかけられるという屈辱を受ける。

数日後、中華屋で食事中のヒョンベの前にのこのこ現れ、許しを乞い、「焼酎でも飲まないか」と誘うがフラれるという恥の上塗りをする。その後も手下たちにバカにされてやけ酒を飲み、仇敵だったパノに抱きついて泣き崩れる。こんな役を演じても湿っぽくならず、むしろ母性本能をくすぐるのはさすがチェ・ミンシクというほかはない。

税関職員時代のイッキョン(チェ・ミンシク)の家があった影島の住宅街。イッキョンの妹と結婚したキム（マ・ドンソク）がこの道を歩くシーンがあった。現在はヒンヨウル文化村として多くの観光客が訪れている

釜山の東区水晶洞にある旧料亭「貞蘭閣」。イッキョンとヒョンベ（ハ・ジョンウ）が会食するシーンが撮影された。1943年に日本人実業家が建てたといわれている。2016年からカフェとして営業が始まり、内部も見学できる

## チェ・ヒョンベ（ハ・ジョンウ）

ハ・ジョンウは2008年の『チェイサー』や同年の『素晴らしい一日』、2009年の『国家代表!?』を見る限り、ヤクザの親分を演じられる役者にはとても見えなかったが、本作での若い親分はハマり役だった。

じつに絵になるイケメンヤクザだったのだが、イッキョンと出会ってから歯車が狂い、弱さを見せるようになった。そこが本作におけるハ・ジョンウの演技の見せどころである。男は自分にないものを持っている男に弱いのだろうか？　イッキョンの根拠のない度胸のよさや人心掌握術に惚れ込んでしまったのか、イッキョンによって拘留から解放されたとき、あまりのうれしさに「サランハムニダ」と言ってしまう。

その後何度も裏切られたにも関わらず、イッキョンを切り捨てることはできなかった。強さと弱さは背中合わせ、そんな言葉が思い浮かんだ。

## 密輸商（イ・ユニ）

頭髪が著しく後退した密輸商役の俳優イ・ユニの演技には目を奪われる。

この男、密輸がバレると、イッキョンの上司が自分の親戚であることを告げ、「いくらでもないんですが、食事でも」と財布から現金を出す。イッキョンはそれを上着の内ポケットで受け取る。このときの密輸商の嫌らしい笑顔がゾッとするほどすばらしい。これで一杯やってくれとばかりに、杯を乾すように手首をくいくいっとやる仕草は、不潔にもほどがある。最低かつ最高の演技だ。

このイ・ユニという俳優、じつは本作の4年前、イ・チャンドン監督の『シークレット・サンシャイン』に出演している。

傷心の主人公（チョン・ドヨン）に教会通いを勧めた薬局の女性の旦那である。メガネをかけていたし、髪型も違うのでピンと来ないかもしれないが、紛れもなく密輸商と同一人物である。

『シークレット・サンシャイン』の最初の登場シーンでは、やさしそうで善人そのものに見えるが、映画の後半で彼は不潔どころではない醜悪な姿をさらす。いくら役がほしくてもなかなか引き受け手がいなさそうな役柄であり、しかも、難しい役だ。

この「まさかの同一人物」を確認して以来、私は彼に注目していたのだが、2017年に再び拍手を送ることになった。本作と同じチェ・ミンシク主演映画『ザ・メイヤー　特別市民』だ。イ・ユニが演じたのはチェ・ミンシク扮する現市長に挑む市長候補だった。密輸商とそれにタカる税関職員が、ソウル市長選を争う関係で再会したのである。ネタバレになるので詳しく書かないが、この市長候補の結末もいかにも彼らしかった。

他にも、リュ・スンニョン主演『7番房の奇跡』(2013年)の検事役、チョ・インソン主演『ザ・キング』(2017年)の男性ムーダン役、ハン・ソッキュ主演『悪の偶像』(2019年)の道知事代行など、守備範囲は広い。

誰もやりたがらない役、難しい役を引き受け、120%の仕事をして監督に返すイ・ユニ。これからも彼の演技には注目である。

## イッキョンの義弟(マ・ドンソク)

2016年の『新感染 ファイナル・エクスプレス』以来、心やさしいマッチョマンのイメージが定着したようだが、私は本作のマ・ドンソクがいちばん好きだ。テコンドー七段の腕前を買われ、イッキョンによって裏社会に引きずり込まれてしまう気の毒な役柄である。

敵対組織の事務所に乗り込むとき、車中での不安そうなドンソクがかわいい。

テコンドー七段とはいえ、路上のケンカ屋揃いのヤクザ者に軽くあしらわれるドンソクも愛おしい。何かというとティットラチャギ（後ろ回し蹴り）のポーズを見せるが、あの華麗な蹴り技がまったくケンカ向きでないことは女の私でも知っている。

本当のケンカ屋は後ろ姿でも相手を威圧しなければならないのに、チャンウにビール瓶で後頭部を二発も殴打されうずくまるドンソクには胸がキュンとなってしまう。役柄を固定せず、またダメ男を演じてもらいたい。

## 検事（クァク・ドウォン）

「おい、ヤクザ者！　今からオレが訊くことに、『はい』と『いいえ』だけで答えろ。わかったな」

冒頭、鉄格子の向こうのイッキョンに向けられたひと言目から大変感じが悪い。彼が光るのは鼻持ちならないエリート官僚役だ。権力を笠に着て、歯向かってくる者をつぶしにかかるときのいやらしさは極上である。小太りな体型まで憎々しい。

本作や『弁護人』ではそれが存分に発揮されている。我が国の民主化運動に関わった私より少し上の世代が忌み嫌う軍事独裁政権の犬そのもので、目を背けたくなるほどだ。それでも本作を何度も観てしまうのは、チェ・ミンシクの人間臭とクァク・ドウォンの非人間臭による中毒症状であることは明らかだ。一度見たら二度三度と見ずにはおれない。

演劇で経験を積み、映画ではクァク・ピョンギュの名でチョイ役を演じ続けてきたが、クァク・ドウォンに改名して出演した本作で一気に表舞台に立った。この2年後には、『弁護人』で軍事独裁政権の警監としてソン・ガンホと舌戦を繰り広げ、そのさらに2年後には『哭声』で主役の座をつかんでいる。

最近では『鋼鉄の雨』での外務次官、青龍賞最優秀作品賞受賞作『ＫＣＩＡ　南山の部長たち』で元情報部部長などを演じ、存在感を確固たるものとしている。

## イッキョンの腹心チャンウ（キム・ソンギュン）

本作では怒鳴り声や歌声も魅力だったが、ヘルメットをかぶったような髪型だけで1980年代を体現した彼に拍手を贈りたい。

悪いやつらと嫌なやつらを描き切ったユン・ジョンビン監督は、今村昌平監督のファンだそうだ。本作冒頭の複数のパトカーが雨の中を走る場面は、オマージュとして、同監督の『復讐するは我にあり』（1979年）の冒頭場面を、そっくりそのまま再現したとDVDコメンタリーで語っていた。あの映画も日本がネアカになっていく少し前の作品で、日本人の暗部をえぐったような描写が忘れられない。

なお、本作の原題『犯罪との戦争』とは、盧泰愚大統領が1990年に宣布した暴力組織一掃作戦の名前だ。この頃、ソウルで遊んでいた日本の人たちにとってもじつは他人ごとではない。当時、いい気持ちで飲んだり歌ったりしていたら12時になり、店を追い出された記憶がある人がいるだろう。あれもこの作戦のひとつだったのだ。

# 10人の泥棒たち

## 香港、マカオ、釜山が舞台の韓国美男美女図鑑

公開：2012年
原題：도둑들
監督：チェ・ドンフン
出演：キム・ユンソク、キム・ヘス、イ・ジョンジェ、チョンジ・ヒョン、キム・ヘスク、オ・ダルス、キム・スヒョン
物語：韓国と香港の泥棒たちがマカオのカジノに隠されたダイヤモンドを狙う

### 絵になる街と男と女

絵になる街で、絵になる男と女を見せたかった。そんな気持ちで撮った映画ではないかと思う。登場人物が多く、２千万ドルのダイヤを巡る攻防が少々わかりにくいが、その目的は果たせている。私は疲れたとき本作のＤＶＤを再生し、呆けて見ている。

韓国の泥棒たちとマカオ・パク（キム・ユンソク）が打ち合わせする香港は、ビルの枯れ具合がいい。あんな建物で飲むワインは美味しいに決まっている。香港チームが銅鑼湾を小舟で渡るシーンでは、多くの人がブルース・リーの『燃えよドラゴン』を思い出した

写真：Everett Collection/アフロ

だろう。

10人の泥棒たちが仕事をするマカオは、ラスベガスと見紛うようなホテルが見ものだ。ターゲットはカジノリゾートCITY OF DREAMS。こんな素敵なホテルなら酒浸りの女泥棒（キム・ヘスク）が10年ぶりにハッスルしてしまうのも無理はない。福隆新街（かつての富裕層たちの歓楽街）を10人が揃って歩くシーンはこの映画のすべてを表している。韓国版のポスターやDVDのジャケ写にもこの場面が使われている。

序盤はシック（香港）→中盤はゴージャス（マカオ）と来て、終盤の舞台は釜山。ソウルでなかったのはちょっと意外だったが、釜山市は映画撮影に協力的なのが選ばれた理由かもしれない。本作以外に『TSUNAMI』『母なる証明』『悪いやつら』『弁護人』『国際市場で逢いましょう』など多くの話題作が釜山で撮影されている。

本作の釜山パートは海雲台のような海辺のきれいな街ではなく、旧市街のチャガルチ市場に近い釜山デパートという実在の雑居ビルで撮影された。

「シック」→「ゴージャス」の次に「生活感」を持ってくるとは、チェ・ドンフン監督のセンスに脱帽だ。雑居ビルの入口とその周辺は釜山デパートで撮っているが、ビル外壁でのワイヤーアクションとビルの内部は、ソウルの世運商街（清渓商街、大林商街、進陽商街）で撮影された。外壁の室外機、洗濯物、鉢植え、照明や印刷屋の看板がいい味を出している。そして、室内は生活臭を吸った木製家具の匂いがしそうな描写が、この映画に深みを与えている。

釜山でのラストシーンは、この3年後に国際港としての役目を終えた旅客船ターミナルだ。２００６年の日本映画『ボーイ・ミーツ・プサン』（武正晴監督）で、若者（柄本佑）がここから釜山の地を踏み、ここから日本に帰って行った。大阪から、下関から、福岡から同じように釜山に渡った日本の人も多いはずだ。

それでは、これらの舞台で活躍する絵になる男と女を紹介しよう。

## キム・ユンソク（マカオ・パク）

同じチェ・ドンフン監督の『タチャ　イカサマ師』（２００６年）ですでに光っていたが、大ブレイクはその翌年、ナ・ホンジン監督の『チェイサー』だ。当時40歳だから遅咲きである。長所と短所のバランスが極端に悪い男を演じさせたら、チェ・ミンシク、ソン・ガンホに迫ると思う。キム・ユンソクが主役を演じる『悪いやつら』や『パラサイト　半地下の家族』も観てみたいものだ。1章で取り上げた『亀、走る』の田舎刑事役がすばらし

ダイヤを巡る人間模様が撮影された釜山デパートの入口付近。
1969年にできた住商複合ビルで、南浦駅や光復路のすぐそばだ

ワイヤーアクションによる銃撃戦が撮影されたソウルの進陽商街ビル。
仁峴市場の南側出口から撮影

過ぎるので、二枚目役の本作は少々物足りない。

### キム・ヘス（ペプシ）

グラマー女優を演じ続けてきたが、チェ・ドンフン監督の『タチャ　イカサマ師』（2006年）でヌードを披露し、その路線は一段落。本作では情にほだされやすい金庫破りを演じている。顔が整っているためイマイチ印象に残らなかったが、2018年の『国家が破産する日』で演技派への脱皮に成功した。

### イ・ジョンジェ（ポパイ）

30年近く無色透明キャラを続けている、ある意味怪優。演技が上手いかどうかはともかく、相棒役を光らせる不思議な力をもつ。その恩恵にあずかったのが、『純愛譜』のキム・ミニ、『オー！　ブラザーズ』のイ・ボムス、『ハウスメイド』のチョン・ドヨン、『新しき世界』のファン・ジョンミンなど。本作ではキム・ユンソク扮するマカオ・パクにコンプレックスを抱き続ける役で、珍しく可愛げのある彼を見ることができた。

## チョン・ジヒョン（エニコール）

『猟奇的な彼女』が成長し、悪に手を染めたと思って見ていると楽しい。彼女の長い手足は高層ビルに難なく侵入するクモ女にぴったり。ミニスカート、チャイナドレス、作業着、裸体にバスタオル＋警官の制服など、本作のベストドレッサーだ。役割としてはペプシのほうが重要なのだが、完全にキム・ヘスを喰っている。

## オ・ダルス（アンドリュー）

有名作品に出過ぎていて、オ・ダルスが嫌い（私生活も含め）でも彼から逃げるのは難しい。『オールド・ボーイ』『大統領の理髪師』『春が来れば』『親切なクムジャさん』『優雅な世界』『グッド・バッド・ウィアード』『7番房の奇跡』『弁護人』『国際市場で逢いましょう』『ベテラン』『暗殺』『国家代表2』『殺人者の記憶法』など。たとえ姿が見えなくても、『女は男の未来だ』（餅売りの声）、『グエムル　漢江の怪物』（グエムルの声）など、音で迫ってくる。本作では香港在住の華僑役。いつものオ・ダルス。安定のオ・ダルス。

## キム・ヘスク（シートガム）

日本では冬ソナのユジン（チェ・ジウ）の母親役の印象が強いだろう。私は1994年の人気ドラマ『ソウルの月』の庶民的な若奥さん役の頃から認識しているので、画面越しには27年のつきあいだ。「国民アジュマ」と呼びたいキャリアをもち、本作の翌年には『カンチョリ　オカンがくれた明日』で、息子役のユ・アインとともに主役級のポジションを獲得。本作では、香港のチェン（サイモン・ヤム＝任達華）を相手に10年ぶりに女になった泥棒役を演じ、チョン・ジヒョンに次ぐ存在感を示した。

## キム・スヒョン（チャンパノ）

本作の翌年、『シークレット・ミッション』で主役に。下町のシュポを舞台に、バカな奉公人を偽装した北側スパイを好演。本作では熱烈なブルース・リーファンと思われる監督によって、現代に蘇ったブルース・リーもどき男子を演じた。中盤で役目を終えるが、同性との濃厚キスシーンやエニコールへの捨て身の告白など見せ場は多数。窮地に陥った女を救う言葉が「サランヘ！」だったら、心を動かされない女はいないだろう。

# 国際市場で逢いましょう

## 『弁護人』『友へ チング』と並ぶ「釜山映画」

公開：2014年
原題：국제시장
監督：ユン・ジェギュン
出演：ファン・ジョンミン、キム・ユンジン、オ・ダルス、チョン・ジニョン、チャン・ヨンナム、ラ・ミラン
物語：朝鮮戦争時、父と妹を北に残し、釜山に避難してきたドクスー家の物語

### よそ者の街

釜山で撮影された映画は数多いが、釜山という舞台を積極的に描いている映画、つまり「釜山映画」となるとそう多くない。タイトルに釜山が付く映画なら、原題『釜山行』（新感染 ファイナル・エクスプレス）がある。しかし、この物語の主要人物を乗せた列車は、釜山に到達すらしていないので釜山映画とはとても呼べない。

堂々たる釜山映画といえるのは、新しくは『国際市場で逢いましょう』と『弁護人』。古くは『友へ チング』だろう。

※『国際市場で逢いましょう』Blu-ray：3,278円（税込）DVD：2,750円（税込）
発売・販売元：ツイン

『国際市場で逢いましょう』は、舞台は釜山だが、主人公一家は朝鮮戦争のとき咸鏡道の興南《フンナム》から避難してきた人たちだ。父親（チョン・ジニョン）と上の妹を興南に残してきてしまったため、主人公ドクス（ファン・ジョンミン）は望郷の念断ちがたいが、家族を養っていくために釜山で必死に生きる。

釜山は１８７６年に開港されるまでは、半島南端にある漁村に過ぎなかった。しかし、１９２５年には７万しかなかった人口が、日本植民地時代が終わった１９４５年には28万になっていた。そして、韓国全土から避難民が押し寄せた朝鮮戦争を経た１９５５年には、１００万にふくれあがっている。釜山はいわば、よそ者の街なのだ。その意味で、ドクス一家は釜山人らしい釜山人といえるだろう。

映画の冒頭、南浦洞のＢＩＦＦ広場でコーヒーを飲んでいる外国人を高校生グループがからかう場面がある。

高校生「生意気にコーヒーなんか飲みやがって」
外国人「自分の金でコーヒー買って飲んで何が悪い！」
高校生「韓国語しゃべってるよ。ウケる～」
外国人「釜山に住んでいれば釜山人だ！」

高校生「ふざけやがって！　よそ者のくせに」

それを見たドクス老人が高校生に食ってかかる。

ドクス「出稼ぎがコーヒー飲んだらいかんのか！」

自身が半島の北側から来たよそ者であり、外国に出稼ぎに行って苦労したことから発せられた言葉だろう。これぞ釜山精神というべきである。

韓国をあちこち旅した日本の知り合いがよく話している。

「釜山の人は他所から来た人におおらかというか、旅していてもあまり外国人であることを意識しないで済むんだ。みんながどこかから来た人だからかな。人と人は違ってあたりまえっていう感覚が身についている感じがする」

南北が分断されているため、日本同様、島国根性や排他主義が強いといわれる我が国だが、釜山は例外なのかもしれない。

## 釜山アイテム

本作を釜山映画たらしめている要素のひとつは、監督や主要な俳優の多くが釜山とその周辺の出身であることだろう。ユン・ジェギュン監督は釜山出身、ファン・ジョンミンは釜山の西方向に位置する馬山《マサン》（昌原《チャンウォン》）出身。幼なじみのタルグ役のオ・ダルスは、生まれは大邱だが、釜山の影島《ヨンド》育ち。下の妹役のキム・スルギは釜山出身である。

釜山映画で重要なのが、アクの強い釜山サトゥリ（訛り）だ。

少年時代、釜山に移り住み、最初は北の訛りで話していたドクスが、大人になるにつれ釜山サトゥリを話すようになっていく描写はとてもリアルだった。タルグと下の妹は演者がネイティブなだけあって、つらく悲しい場面も少なくない本作にベタベタな釜山サトゥリで笑いを呼び込むことに成功している。

本作には釜山アイテムとでもいうべき風物が数多く登場する。

若いドクスは金を稼ぐために釜山の南港で働いていた。彼がリヤカーに積んでえっちらおっちら運んでいたのが木製のトロ箱だ。今でも南港の北側のチャガルチ市場から東側へ海沿いに歩いて行くと、無数のトロ箱に出合う。

釜山に朝鮮戦争避難民があふれたとき、このトロ箱の廃材はタルトンネに建てられた粗末な家の壁になったり、屋根になったりした。地味な存在だが、トロ箱は釜山の現代史を物語る小道具であり、シンボルなのだ。

また、ドイツでの炭鉱労働から戻ったドクスを迎えた釜山の家は、日本の人ならすぐに

年老いたドクス（ファン・ジョンミン）とヨンジャ（キム・ユンジン）が語り合った家（草場洞の草場中学校近く）から釜山南港を望む

魚を入れるトロ箱を積んだリヤカー。その後ろに釜山タワーとチャガルチ市場のビルが見える

それとわかる日本式家屋だった。植民地時代、多くの日本人が住んだ釜山には状態のいい日本式家屋が多く残っている。この20年間で老朽化し、撤去が進んだが、三角の屋根にブルーシートがかけられ、その上にシートが風で飛ばないようにタイヤが載せてある家は、ほとんどが日本式家屋である。

そして、映画の始めと終わりに年老いたドクスと妻ヨンジャ（キム・ユンジン）が自宅の屋上で日向ぼっこをする場面がある。このレンガ造りの家があるタルトンネも釜山らしい風景だ。釜山市はソウル市と比べると極端に山がちで、面積の半分近くが山である。そこに全人口の3分の1が暮らしている。

ドクスとヨンジャの背中越しには、南港とロッテモールと影島大橋が、そして左手には龍頭山の上にそびえる釜山タワーが見える。釜山映画にふさわしいラストシーンだ。

## 『弁護人』、クッパ屋の風景

『弁護人』は政治的なメッセージが強い映画なので、舞台である釜山にはあまり光が当たっていない気がするが、よく見るとなかなかの釜山映画である。

弁護士ウソク役のソン・ガンホは釜山の隣町といってよい金海市の出身で、通った短大

『弁護人』

公開：2013年

原題：변호인

監督：ヤン・ウソク

出演：ソン・ガンホ、キム・ヨンエ、オ・ダルス、クァク・ドウォン、イム・シワン、イ・ソンミン

物語：商売上手な弁護士が、軍事独裁政権下で事件に巻き込まれた若者の弁護を引き受ける

※DVD：¥4,180（税込） 発売元：彩プロ 販売元：TCエンタテインメント
その他・提供：彩プロ、スプリングハズカム 

クッパ屋の女将を演じたキム・ヨンエ（2017年に他界）は、釜山の影島出身

は釜山にあった。相棒トンホ役のオ・ダルスは前述の通り釜山の影島育ち。そして、食堂女将スネ役のキム・ヨンエ（故人）は釜山の影島出身。その息子チヌ役のイム・シワン（ZE:A）は釜山生まれの釜山育ち。判事役のソン・ヨンチャンは釜山の西方向に位置する晋州《チンジュ》出身。新聞記者役のイ・ソンミンは江原道寄りだが慶尚北道奉化《ボンファ》出身。よくぞ釜山と慶尚道出身者を揃えたものだと感心する。サトゥリの説得力という点では、最強の布陣だ。『国際市場で逢いましょう』のように、釜山の風物がこれでもかとばかりに出てくるわけではないが、本作には別の決定的な釜山アイテムが登場する。名物料理テジクッパ（豚骨スープのクッパ）だ。

ある時期まで釜山と慶尚道の一部でしか食べられなかったものだが、ここ数年のグルメブームでローカルフードにスポットが当たり、ソウルでも目にするようになった。映画の前半、ウソクが高校の同窓生らを引き連れスネのクッパ屋を訪れる。釜山サトゥリで気炎を上げながら、スユク（茹で豚肉）とスンデ（腸詰）をつまみにソジュをあおる場面は、70年代の釜山酒場そのものだ。

この店はおそらく影島にあるという設定だろう。影島は1948年の4・3事件をはじめとする中央による弾圧で、済州を離れざるを得なかった人たちが移住した土地だ。今で

『友へ　チング』

公開：2001年

原題：친구

監督：クァク・キョンテク

出演：ユ・オソン、チャン・ドンゴン、ソ・テファ、チョン・ウンテク、キム・ボギョン

物語：釜山で育った4人組の青春、そして別れ

※ブルーレイ：¥2,750（本体2,500円）　DVD：¥1,980（本体1,800円）
　発売・販売元：ポニーキャニオン

手前左からジュンソク（ユ・オソン）、ドンス（チャン・ドンゴン）、後ろが左からサンテク（ソ・テファ）、ジュンホ（チョン・ウンテク）。凡一洞のクルムタリ（雲の橋）で

も影島の市場には、豚肉の調理に長けた済州出身者が営む食堂がある。

15年ほど前までは、キム・ヨンエとオ・ダルスの故郷である影島の市場に、こんな庶民的な雰囲気の店が残っていたが、今はみなこざっぱりした店に変身してしまっている。

## 『友へ チング』、雲の橋と劇場

釜山育ちの少年四人のうち二人がヤクザになり、反目し合う。殺伐とした映画なのだが、高校までの四人が釜山を舞台に笑ったり泣いたりする牧歌的な場面ばかりが印象に残る。四人の少年が夢中になっているアニメ『黄金バット』、ベータマックスのビデオテープレコーダー、成人雑誌、洋モノのポルノビデオがいずれも日本から入ってきたものだという点もいかにも釜山らしい。

ジュンソク役のオ・ユソンは江原道の寧越出身。ドンス役のチャン・ドンゴンはソウル出身。釜山と慶尚道がらみは、サンテク役のソ・テファ（釜山）とジュンホ役のチョン・ウンテク（慶尚北道）だけで、釜山サトゥリの説得力はもうひとつ。

しかし、高校生バンドのリードヴォーカルを演じたジンスク役のキム・ボギョンは釜山出身で、その言葉はとてもチャーミングだった。釜山サトゥリを話す女子は韓国では「愛

高校時代の4人組が駆け抜けたチャガルチ市場東部の乾魚物市場の通りには、日本式家屋が数多く残っている

凡一洞のクルムタリ(雲の橋)の階段には、2015年に4人の絵が描かれた

嬌がある」と大人気なのだが、彼女はその典型だったと思う。残念ながらキム・ボギョンは２０２１年２月、44歳の若さでこの世を去った。

　釜山映画としての見せ場は、高校時代の彼らが釜山の街並みを走り抜けるシーンだ。バックに流れるのはロバート・パーマーの「BAD CASE OF LOVING YOU」。学生カバンを脇に抱え、日本式家屋が連なるチャガルチ市場東部の路地を抜け、凡一洞《ポミルドン》の線路をまたぐ陸橋（クルムタリ）を渡って、目的地の映画館に着く。映画館の名は三一劇場。残念ながら２００６年に撤去された。

　映画館では『ベンハー』がかかっている。四人はここで他校の大勢の学生たちと出くわす。これは当時、全斗煥政権が奨励していた「団体観覧」だろう。若者の意識を映画などの娯楽に向けさせ、反体制気運を摘むのが狙いだったといわれている。

　２０２１年の釜山はコロナの影響で観光客こそ激減しているが、東部の海岸地域を中心に西洋的洗練が進んでいる。ソウルにない泥臭さが魅力の釜山映画はもう生まれないかもしれない。

4人組が映画を観ようとするシーンが撮影された三一劇場の左隣の三星劇場。『ベンハー』の看板は三一劇場が撤去されたとき譲り受けたものと思われる(2010年撮影)

三星劇場は成人映画を上映しながら生き残っていたが、2011年に撤去された

# 本書に登場する主な映画の撮影地、舞台

※ソウルや京畿道は除く

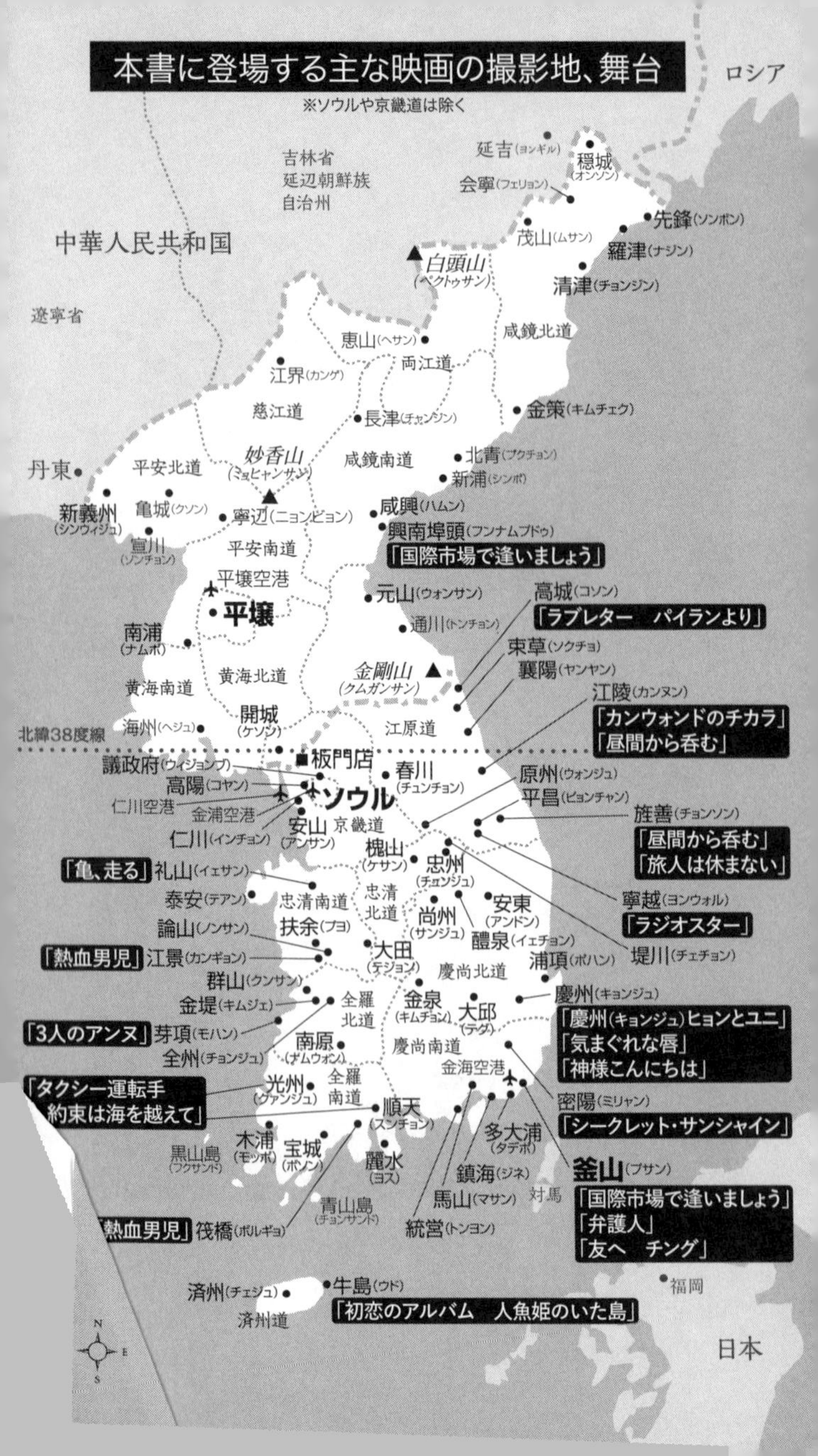

## 鄭銀淑（チョン・ウンスク）の主な著書　※は韓国での著書

『美味しい韓国　ほろ酔い紀行』（双葉社）
『港町、ほろ酔い散歩　釜山の人情食堂』（双葉社）
『ソウルを食べる』ファン・キョイクとの共著（ダビ）※
『韓国酒場紀行』（実業之日本社）
『マッコルリの旅』（東洋経済新報社）
『韓国・下町人情紀行』（朝日新聞社）
『韓国「県民性」の旅』（東洋経済新報社）
『韓国の「昭和」を歩く』（祥伝社）
『中国東北部の「昭和」を歩く』（東洋経済新報社）
『韓国の美味しい町』（光文社）
『ローマ字でわかる！ 初めてのハングル』（光文社）
『韓国ほろ酔い横丁　こだわりグルメ旅』（双葉社）
『馬を食べる日本人　犬を食べる韓国人（増補改訂版）』（双葉社）
『韓国の人情食堂』（双葉社）
『マッコリの話』（サルリム）※
『韓国×マッコリ酒場』（情報センター出版局）
『本当はどうなの？ 今の北朝鮮』『本当はどうなの？ 今の韓国』（中経出版）
『ビジネス指さし会話帳 韓国語』（情報センター出版局）
『おいしい韓国語』（三修社）
『韓国料理用語辞典』（日本経済新聞社）
『図解　あっと驚く、北朝鮮！』（三笠書房）
『一気にわかる朝鮮半島』（池田書店）
『ドキドキ半島コリア探検』（光文社）
『韓国旅行会話ハンドブック』（池田書店）
『ソウルでキレイになってやる』（祥伝社）
『チープグルメ探険隊、韓国を行く！』（PHP研究所）
『ソウル本当に美味い店100』（双葉社）
『とっておきの韓国』（三笠書房）

A PEOPLE 新書


**「旅と酒とコリアシネマ」**

2021 年 7 月 21 日 第 1 刷発行


**著者　　鄭銀淑**


発行者　田中保成

編　集　株式会社キーワード　溝樽欣二　山崎由美

装　丁　山城絵里砂

印刷所　中央精版印刷株式会社

発行所　A PEOPLE 株式会社

〒160-0011　東京都新宿区若葉 1丁目 14-5

発　売　ライスプレス株式会社

〒150-0041　東京都渋谷区神南 1-2-5

JINNAN HOUSE 2F

電　話　03-6721-0586




本書への感想は、右のQRコードからアンケートフォームに
入っていただき、自由にお書きください。

ISBN978-4-909792-18-1